DIEDERICHS
GELBE REIHE

China im Umbruch
herausgegeben von Wolfgang Bauer

MO TI

Gegen den Krieg

Eugen Diederichs Verlag

Aus dem Chinesischen übersetzt und herausgegeben
von Helwig Schmidt-Glintzer

Erste Auflage
© 1975 by Eugen Diederichs Verlag, Düsseldorf · Köln
Alle Rechte vorbehalten
Umschlaggestaltung: Eberhart May, Meerbusch
Gesamtherstellung: Friedrich Pustet, Regensburg
ISBN 3-424-00510-x

INHALT

EINFÜHRUNG ZU DEN TEXTEN 7

BUCH V–IX
SYNOPTISCHE ERÖRTERUNGEN 25
Gegen den Angriffskrieg I 26 Gegen den Angriffskrieg II 28
Gegen den Angriffskrieg III 35 Mäßigung im Aufwand I 45
Mäßigung im Aufwand II 48 Einfachheit bei Begräbnissen 52
Der Wille des Himmels I 66 Der Wille des Himmels II 73
Der Wille des Himmels III 84 Über die offenkundige Existenz von Geistern 94 Gegen die Musik 111 Gegen die Schicksalsgläubigkeit I 119 Gegen die Schicksalsgläubigkeit II 127 Gegen die Schicksalsgläubigkeit III 132 Gegen die Konfuzianer 140

LITERATURHINWEIS 152

MO TI UND BERTOLT BRECHTS
»BUCH DER WENDUNGEN« 154

ANMERKUNGEN 179

ZEITTAFEL 198

EINFÜHRUNG ZU DEN TEXTEN

Mo Tis Forderung allgemeiner Menschenliebe beinhaltet die Verurteilung des Krieges – dies sind Schwerpunkte seiner Lehre. Die Verurteilung von Angriffskrieg und damit von Krieg überhaupt gründet Mo Ti auf das Argument, daß Krieg nur Unheil zur Folge habe, nutzlos sei und das Volk sinnlos bluten lasse. Er wirft seinen Zeitgenossen vor, daß sie bestimmte Grundsätze nur im Kleinen, nicht aber im Großen anzuwenden verstünden, und weist ihnen damit widersprüchliches Verhalten nach: Wenn einer seinem Nachbarn einen Pfirsich stiehlt, wird er dafür bestraft, stiehlt einer dagegen einen ganzen Staat, dann wird er noch als Eroberer gepriesen. Mo Ti weist nicht nur auf solche Widersprüchlichkeit in der Beurteilung von kleinem und großem Diebstahl, von Mord und Völkermord seiner Zeit hin, auch die Verluste an Menschen und Material, die Feldzüge immer mit sich bringen, führt er als Argument zur Verurteilung des Angriffskrieges an.

In etlichen Beispielen aus der Vergangenheit sieht er Beweise für seine Auffassung, daß Kriege auf lange Sicht auch dem zunächst Siegreichen nur schaden, spätestens dann, wenn sich die einzelnen Schwachen in ihrer Bedrängnis solidarisieren und den gemeinsamen Feind vernichten. Gut ist, was dem Volke nützt, meint Mo Ti, und demnach ist verwerflich, was ihm schadet. Damit vertritt er nicht nur die Interessen des Volkes, sondern er verweist zugleich auf das Interesse des Himmels, der es nicht duldet, wenn einer seine Untertanen tötet und deren Lebensgrundlage schmälert oder zerstört.

Wir haben in Mo Ti einen Kriegsgegner vor uns, der nicht einfach blinden Pazifismus predigt, sondern der sich selbst um den Entwurf der Gestaltung eines friedlichen Miteinanders bemüht, mit offenem Blick für die gesellschaftliche Wirklichkeit seiner Zeit. Wenn er den Eroberungskrieg verdammt, so weiß er doch auch von der Berechtigung des solidarischen Kampfes der Unterdrückten, der ja nur eine Folge der Unterdrückung ist und diese aufzuheben sucht. Mo Ti verfällt also nicht dem Irrtum der Pazifisten des ausgehenden 19. und des frühen 20. Jahrhunderts, zu meinen, daß man den Krieg bloß abzuschaffen brauche, dann wäre der Friede da; genauer: für ihn bedeutet die Abschaffung des »regulären« Militärs nicht »Friede in der Welt«.[1]

Wenn Mo Ti auch als der schärfste Gegner von Angriffskriegen in seiner Zeit gelten kann, war er doch nicht der einzige. Bereits Konfuzius (gest. 479 v. Chr.) lehnte den Krieg als Mittel der Politik ab, wenn er lehrte, eine gute Regierung werde am ehesten durch ein gutes Beispiel gewährleistet. Nach dem Wesen der Kriegführung gefragt, sagte er einmal, er verstehe nur etwas vom Opfern, und reiste sofort ab.[2] Wie gering Konfuzius das Militär schätzte, wird auch aus dem folgenden Gespräch deutlich:

»Tzu-kung fragte nach (der rechten Art) der Regierung. Der Meister sprach: ›Für genügende Nahrung, für genügende Wehrmacht und für das Vertrauen des Volkes (zu seinem Herrscher) sorgen.‹ Tzu-kung sprach: ›Wenn man aber keine Wahl hätte, als etwas davon aufzugeben: auf welches von den drei Dingen könnte man am ehesten verzichten?‹ (Der Meister) sprach: ›Auf die Wehrmacht.‹«³

Auch Menzius (372–289 v. Chr.) verurteilte Angriffskriege.⁴ Er meinte, und darin folgt er Mo Ti, letztlich werde der Angreifer selbst nur Schaden davon haben und das Errungene nicht halten können.⁵ Der einzig richtige Weg, ein Land für sich zu gewinnen, ist nach Menzius derjenige, die Leute für sich zu gewinnen. Ein Beispiel für diesen Weg sieht Mo Ti in dem Verhalten des Königs Wen, eines der heiligen Könige des Altertums:

»Seinem Volke war er in allumfassender Liebe zugetan und durch gegenseitige Hilfe verbunden, und was im Überfluß da war, wurde geteilt. So lebten die, die nahe bei ihm wohnten, friedlich unter seiner Herrschaft, und die entfernt wohnenden wurden durch seine Tugend gewonnen. Alle, die von ihm hörten, machten sich auf und zogen zu ihm, und die Schwachen und Verkrüppelten, deren Glieder nicht die Kraft hatten, blieben, wo sie waren, und klagten: ›Wenn doch das Reich des Königs Wen auch unser Gebiet umfaßte und wir auch den Nutzen davon hätten! Warum können wir es nicht auch so haben wie die Untertanen des Königs Wen?‹«⁶

Wie Mo Ti und Menzius verurteilte auch Hsün-tzu (ca. 298–238 v. Chr.) den Angriffskrieg; der rechtschaffene Herrscher werde sein Volk durch dessen Liebe zu ihm vereinigen. Der einzige Fall, in dem ein Krieg gerechtfertigt ist, ist die Verteidigung gegen einen Angreifer, komme er von außen oder von innen;⁷ diesen Fall eines »gerechten Krieges« nennt Mo Ti auch »Bestrafung«.

So sehen wir, daß die sich sonst befehdenden Gruppen der Konfuzianer und der Mohisten beide den Krieg ablehnten. Und nicht nur diese verschmähten den Krieg; auch in dem

Buch des Lao-tzu finden wir eine solche antimilitaristische Haltung:

»Die Waffen sind unheilbringende Geräte,
nicht Geräte für den Edlen.
Nur wenn er nicht anders kann, gebraucht er sie.
Ruhe und Frieden sind ihm das Höchste.
Er siegt, aber er freut sich nicht daran.«[8]

Doch während die Konfuzianer ihre Ablehnung des Krieges damit begründeten, daß Krieg zu führen nicht tugendhaft sei,[9] lehnte Mo Ti den Krieg ab, weil er keinen Nutzen bringe, weder dem Himmel, noch den Geistern, noch den Menschen. Diese Friedfertigkeit in den Lehren aller Philosophen der klassischen Zeit blieb durch die Jahrhunderte hindurch erhalten, doch verhinderte sie nicht, daß immer wieder heftigste Kriege geführt wurden. Es hätte sich vielleicht keine so breite Kluft zwischen der offiziellen konfuzianischen Lehre der Friedfertigkeit und der kriegerischen Wirklichkeit aufgetan, wenn sich nicht die konfuzianische Begründung der Tugendwidrigkeit, sondern die Einsicht Mo Tis in die Nachteiligkeit und Nutzlosigkeit von Kriegen für das Volk offiziell durchgesetzt hätte. Warum dies nicht geschah, soll hier nicht weiter verfolgt werden. Eine Überwindung dieser Kluft scheint jedoch erst Mao Tsetung gelungen zu sein, der – mit einem Anklang an legalistische Ideen – sagte:

»Wir treten dafür ein, daß der Krieg abgeschafft wird, wir wollen keinen Krieg; man kann aber den Krieg nur durch Krieg abschaffen. . . .«[10]

Im Abendland hat die Einschätzung des Krieges eine ganz andere Tradition. Friede wird seit Homer vorwiegend als die von den Göttern verfügte Unterbrechung des kriegerischen Normalzustandes und darum korrelativ zu Krieg gedacht, der seinerseits als gottgegebene Notwendigkeit gilt und den Orientierungsrahmen menschlicher Gesetzgebung wesentlich bestimmt.[11] Zwar führte die wachsende Einsicht in das Unwesen des Krieges allmählich zu einer positiven Wertung des Friedens, doch wie die Götter ihre Macht gerade im Kampf zu bewähren haben, so nahm auch der Staat vor allem das Monopol legitimer Gewaltanwendung in Anspruch, die er hart nach innen und nach außen einsetzte. Während in der alttestamentlichen Tradition die daseinssichernde Funktion des Friedens betont (*1. Kön. 20,18*) und in *Richter 6,24* der Friede gar zum Prinzip des Daseins selbst erhoben wird, nimmt die paulinische Friedensdeutung die alttestamentliche Vorstellung von einer universalen Friedensherrschaft auf die christliche Subjektivität zurück: Der Friede herrscht im Herzen des Einzelnen. (*Kol. 3,15; Phil. 4,7*). Während es bei Jesaja noch heißt: »und der Gerechtigkeit Frucht wird Friede sein« (*Jes. 32,17*), erscheint nach neutestamentlicher Lehre der Friede als der Boden, der die Frucht der Gerechtigkeit trägt: »Die Frucht aber der Gerechtigkeit wird gesät im Frieden denen, die den Frieden halten.« (*Jak. 3,18*) Freilich gab es auch andere Stimmen. So schreibt Blaise Pascal:

»– denn der Frieden ist nur so lange gerecht und nützlich, als er der Sicherung der Güter dient, und er wird ungerecht und verderblich, wenn er sie verkommen läßt, so daß der Krieg, der sie verteidigen kann, sowohl gerecht als notwendig wird –«[12].

Bei Mao Tsetung wird dies ähnlich formuliert, doch im Hinblick auf den »ewigen Frieden«:

»Es gibt aber nur ein Mittel zur Abschaffung des Krieges: Man muß den Krieg mit dem Krieg bekämpfen, dem konterrevolutionären den revolutionären Krieg ... entgegensetzen.«[13] – »Alle Kriege, die dem Fortschritt dienen, sind gerecht *(cheng-i)*, und alle Kriege, die den Fortschritt behindern, sind ungerecht *(fei cheng-i)*. ... Unser Krieg ist ein heiliger, gerechter und fortschrittlicher Krieg für den Frieden – für den Frieden nicht nur in einem einzigen Land, sondern in der ganzen Welt, und nicht nur für eine kurze Frist, sondern für alle Zeiten. ... In der Geschichte gab es noch nie eine Periode, wo der Krieg uns dem ewigen Frieden so nahe gebracht hätte wie heute.«[14]

Und wenn man Max Webers Erkenntnis teilt, daß die »Banken, welche Kriegsanleihen finanzieren, und ... große Teile der schweren Industrie ... am Kriegführen quand même ökonomisch interessiert« sind,[15] und daß »die herrschenden Schichten normalerweise kraft ihrer sozialen und politischen Macht (die in Form von Zwangsabgaben aufgebrachten Mittel für die Kriegsmaschinen- und Kriegsmaterialproduktion) auf die Massen abzuwälzen verstehen«,[16] wird man mit Mao den einzigen Weg zur Abschaffung des Krieges nur im antikapitalistischen und antiimperialistischen Kampf sehen können.

Ähnlich wie Mao, der seine berühmte *Analyse der Klassen in der chinesischen Gesellschaft* (März 1926) mit den Sätzen einleitet: »Wer sind unsere Feinde? Wer sind unsere Freunde? Das ist eine Frage, die für die Revolution erstrangige Bedeutung hat«,[17] scheidet Mo Ti zwischen solchen, die dem Volke nützen, und jenen, die ihm schaden, wobei er die klarsten Beispiele für beide Gruppen einerseits in den heiligen Königen und andererseits in den bösen Königen des Altertums sieht. Doch während für Mao die Unterscheidung von Freund und Feind, das »Kriterium des Politischen«[18], die entscheidende Frage ist, die auch auf Kampf und Austrag drängt, bleibt Mo Ti, befangen in seiner Zeit, beim Ideal der vereinigenden Menschenliebe (*chien-ai*). Wenngleich orientiert an dem, was den Menschen nützt, verurteilt Mo Ti Parteiung, Parteilichkeit (*pieh*) und propagiert Universalität (*chieh*), geordnete Verhältnisse. Und darin wieder sind sich Mao und Mo gar nicht allzu fremd, spielt es doch auch bei Mao eine wichtige Rolle, daß die letzte Entscheidung nicht durch die Partisanen, sondern durch die Rote Armee herbeigeführt wurde, eine »reguläre« Armee also.[19]

In den drei *Gegen den Angriffskrieg* betitelten Abschnitten legt Mo Ti ausführlich seine Gründe für die Verurteilung von Kriegen dar. Im ersten Abschnitt (p. 26 ff.) entfaltet er sein bekanntestes Argument: kleiner Diebstahl wird bestraft, größerer Diebstahl wird härter bestraft, ganz großer Diebstahl aber wird noch gelobt. Mord wird bestraft, Völkermord belohnt. Doch Mo Ti betrachtet Diebstahl als Diebstahl und Mord als Mord. Diese Forderung nach einer absoluten Moral ist aber nur eine Seite seiner Argumentationen. Im zweiten Abschnitt (p. 28 ff.) zeigt er, daß Angriffskriege unter dem Gesichtspunkt des Nutzens, unter Abwägung von Verlust und Gewinn verwerflich sind. Kriege bringen Verluste an Menschen und Material mit sich, und »was man erlangt, ist bei weitem nicht soviel wie das, was man verliert«. Vielmehr verringere man, wovon man ohnehin zu wenig habe, nämlich die Menschen, während man das Land vergrößere, an dem Überfluß bestehe. Anhand von Beispielen aus der Geschichte belegt Mo Ti, daß sich Angriffskriege nicht auszahlen. Entweder werde der Sieger schließlich durch Unruhen im eigenen Lande um seine Errungenschaften gebracht, oder aber einige Staaten verbünden sich gegen den immer mächtiger werdenden angriffslustigen Nachbarn und schlagen ihn. Im dritten Abschnitt (p. 35 ff.) wird diese utilitaristische Betrachtung noch um einen Aspekt erweitert, nämlich um die Frage, ob etwas dem Himmel, den Geistern und den Menschen nützt oder nicht. »Selbst der dümmste Mensch würde sagen, daß die Leute im Reiche etwas als gut preisen, was oben dem Himmel, im mittleren Bereich den Geistern und unten den Menschen nützt.« Am Beispiel der vorbildlichen Herrscher des Altertums zeigt Mo Ti, wie dem Himmel, den Geistern und den Menschen zu nützen sei, und stellt ihnen die Herrscher seiner Zeit gegenüber, die nur Kriege vorbereiten und zerstören, morden und brandschatzen.

Damit vergehen sie sich gegen den Himmel, denn die Städte, die sie verwüsten, sind Städte des Himmels und die Menschen, die sie ins Unglück stürzen oder töten, sind Menschen des Himmels. Da es der Wille des Himmels ist, den Menschen zu nützen, handeln sie dem Willen des Himmels zuwider. Freilich hatten auch die vorbildlichen Könige des Altertums Strafexpeditionen gegen aufsässige Stämme unternommen; doch daß es sich dabei nicht um Angriffskriege, sondern um Bestrafungen handelte, zeigt Mo Ti an drei Beispielen. Yü erhielt den himmlischen Auftrag, das Volk der Miao in seine Schranken zu weisen,

T'ang übernahm auf göttlichen Befehl hin das Mandat der Hsia und bestrafte Chieh, und ebenso ersetzte König Wu das Haus Yin durch das Haus Chou. Bestrafungen hält Mo Ti also für genauso legitim wie den solidarischen Widerstand kleinerer Staaten gegen einen Aggressor. Doch auch solche Formen des Kampfes, die Staaten und Menschen ja nur erschöpfen, sind die *ultima ratio*. Die Sympathie Mo Tis gilt der Methode, durch Vorbildlichkeit andere für sich zu gewinnen (siehe oben p. 9). Der Vergleich der drei Abschnitte *Gegen den Angriffskrieg* läßt eine Weiterentwicklung des Gedankenganges erkennen. Während im ersten Abschnitt unter Zuhilfenahme einer Analogiebildung jeder Krieg verurteilt wird, zeigt Mo Ti dann, inwiefern Kriege nur Unheil bringen. Im dritten Abschnitt schließlich unterscheidet er zwischen Angriffskriegen einerseits und Bestrafungen, legitimer Mandatsübernahme und solidarischem Bündnis gegen einen Aggressor andererseits. Das eine verurteilt er, das andere sieht er im Einklang mit dem Willen des Himmels.

Eines der Hauptargumente Mo Tis gegen den Krieg, die mit jedem Feldzug und schon jeder Kriegsvorbereitung verbundene Vergeudung von Gütern, wendet er auch gegen andere Erscheinungen seiner Zeit. So plädiert er in den beiden Abschnitten *Mäßigung im Aufwand*, ähnlich wie schon in dem Abschnitt *Keine Übertreibungen* (Schriften Mo Ti, Bd. I, p. 75 ff.), für eine ganz am Nutzen orientierte Verwendung von Gütern, wobei jeder überflüssige Schmuck und Tand wegfallen müsse. Auf diese Weise sei der Nutzen aller Dinge zu verdoppeln. Und nicht nur der Nutzen von Aufwendungen, sondern auch die Bevölkerung solle sich verdoppeln. Dies werde allein durch die Überbeanspruchung der Bevölkerung, durch zu hohe Abgaben und Kriegslasten und durch zu späte Verheiratung verhindert. Zu den Ausführungen über die rechte Art, Kleider, Häuser, Rüstungen, Wagen und Schiffe herzustellen im ersten Abschnitt (p. 45 ff.) sind im zweiten Abschnitt (p. 48 ff.) noch Anweisungen über bescheidenes Essen und schlichte Begräbnisse hinzugefügt.

Bezeichnenderweise fordert Mo Ti niemals Verzicht von den Massen, sondern stets von den Oberen, die die Mittel zu Vergeudung und Luxus, zu Selbstsucht und Verschwendung von Gütern ja erst dem Volke abpressen. Die Forderung von Bescheidenheit in allen Lebensbereichen, sowie sein Prinzip, sich bei allem am größtmöglichen Nutzen für die Bevölkerung zu orientieren, wiederholt Mo Ti nochmals im Hinblick auf die Ausführung von Begräbnissen. Die Argumentationsweise in dem Abschnitt *Einfachheit bei den Begräbnissen* (p. 52 ff.) ist beispielhaft für die Argumentationsweise Mo Tis insgesamt. Zunächst stellt er fest: Die Sorge eines Tugendhaften um das Reich ist nicht verschieden von der Sorge des pietätvollen Sohnes um seine Eltern. Was aber sind die Ziele dieser Sorge? Sich nach Kräften um Wohlstand, um Anwachsen der Familie bzw. der Bevölkerung und um Ordnung zu bemühen. Daß dies die Ziele wahrer Sorge um Eltern und Staat sind, zeigt sich am Beispiel der heiligen Könige des Altertums. Doch sieht Mo Ti, daß in seiner Zeit Uneinigkeit darüber herrscht, ob bestimmte Sitten diesen Zielen entsprechen, deren Richtschnur Menschlichkeit und Rechtschaffenheit sind.

Diese Uneinigkeit hängt offenbar mit der Verselbständigung dieser Sitten, hier gezeigt am Beispiel der Begräbnisriten, zusammen, die nicht mehr an den Grundwerten orientiert sind. Deshalb ergreift Mo Ti auch nicht gleich Partei für eine Seite, sondern er untersucht die einzelnen Positionen im Hinblick auf die Ziele Wohlstand, Vermehrung und Ordnung. Er kommt zu dem Schluß, daß aufwendige Begräbnisse diesen Zielen zuwiderlaufen. Denn aufwendige Begräbnisse vergeuden im Übermaß die verfügbaren Mittel, verhindern also gerade den Wohlstand, und lange Trauerzeiten, die Selbstzerstörung und Untätigkeit mit sich bringen, verhindern für lange Zeit ein Anwachsen der Familie. Das hat zur Folge, daß keine der Bevölkerungsgruppen ihren Aufgaben nachkommen kann, daß das Land verarmt und Unordnung entsteht. Die Folgen schildert er in drastischen Bildern. Wenn man durch aufwendige Begräbnisse und lange Trauerzeit die Vermehrung der Bevölkerung zu erreichen sucht, »dann ist das so, als ob man einen Menschen sich ins Schwert stürzen läßt und ihm dabei ein langes Leben wünscht«. Ja, selbst die von den Konfuzianern so hoch bewerteten Tugenden der Pietät und der Loyalität werden nicht mehr befolgt, da jeder nur noch um seine nackte Existenz kämpft. Schließlich bietet man, wenn man das eigene Land auf diese Weise verarmen läßt, dem Nachbarn nur einen Anreiz zum Überfall und schafft auf diese Weise die Voraussetzungen für Krieg.

Daß selbst die vorbildlichen Könige des Altertums für sich nur schlichte Begräbnisse forderten, zeigt er am Beispiel von Yao, Shun und Yü. Dabei geht es, wie gesagt, Mo Ti nicht darum, einfach Sitten nachzuahmen, sondern es geht ihm um Prinzipien und um die Frage, ob Bräuche, seien sie auch noch so alt, diesen Prinzipien genügen; denn Sitten und Gebräuche rechtfertigen sich nicht durch sich selbst. Diese Haltung ist deutlich gegen die Konfuzianer gewandt, die Sitten um ihrer selbst willen befolgen.

Eine Begründung dafür, daß man dem Volke nützen und Schaden von ihm wenden solle, gibt Mo Ti in den *Der Wille des Himmels* betitelten Abschnitten (p. 66 ff.). Der Himmel, der alles sieht, dem nichts entgeht, wünscht Gerechtigkeit und haßt Unrecht, und Gerechtigkeit nützt den Menschen. Der Wille des Himmels ist das Richtmaß für den Herrscher, den Himmelssohn, wie dieser für die drei Minister bestimmt, was Recht und was Unrecht ist. Was der Zirkel für den Radmacher und das Winkelmaß für den Tischler ist, das ist der Wille des Himmels für den, der ermessen will, was richtig und was falsch, was gerecht und was ungerecht ist. Doch der Himmel ist nicht nur die Maßstäbe setzende Instanz, sondern er greift selbst aktiv in die weltlichen Angelegenheiten ein, indem er das Befolgen seines Willens belohnt und Abweichungen bestraft.[20] »Dem Willen des Himmels zu entsprechen ist Universalität; dem Willen des Himmels zuwiderzuhandeln ist Parteilichkeit. Wenn die Universalität zum Prinzip gemacht wird, dann regiert die Gerechtigkeit, und wenn die Parteilichkeit zum Standard gemacht wird, dann regiert die Gewalt.« Und wenn Gewalt regiert, sagt Mo Ti, dann »greifen die Großen die Kleinen an, schmähen die Starken die Schwachen«, usf. Auch hier wieder die Verdammung des Angriffskrieges. Von den Fürsten seiner Zeit sagt Mo Ti, sie sähen das Unrecht ihres Tuns nicht ein, ja, sie würden durch ihre Nachbarn noch bestätigt, die sie nach einem Sieg über einen Schwächeren noch beglückwünschen und ihnen Geschenke überbringen.

In dem Abschnitt *Über die offenkundige Existenz von Geistern*[21] (p. 94 ff.) legt Mo Ti die Gründe für seine Überzeugung dar, daß es Geister gibt. Nachdem er die Verderbtheit seiner Zeit festgestellt hat, fragt er: »Wenn man heute alle Menschen im Reiche dazu veranlassen könnte, zu glauben, daß die Geister in der Lage sind, die Tüchtigen zu belohnen und die Schlechten zu bestrafen, wie könnte es dann im Reiche Unordnung geben?« Da die Menschen im Reiche aber offenbar nicht an die Existenz von Geistern glauben, tritt Mo Ti seinen Beweis an. Als Beweismittel dienen ihm die Wahrnehmungen der Menschen. Historische Beispiele von Geistererscheinungen, die alle von einer großen Anzahl von Menschen wahrgenommen und dann auch schriftlich überliefert wurden, führt er als Belege an. Denen, die an der Glaubwürdigkeit der Sinneswahrnehmungen der Menge zweifeln, gibt er noch Beispiele von den heiligen Königen des Altertums, die zeigen, daß diese an Geister geglaubt haben müssen, ebenso wie die Schicksale der bösen Könige beweisen, daß ihnen auch ihr ganzer Reichtum und ihre ganze Macht nicht gegen die Strafe der Geister nützte. An die Macht des Himmels und der Geister, von der Mo Ti hier spricht, hat er wohl selbst geglaubt, doch nicht vornehmlich ihrer Existenz wegen, sondern weil er im Glauben daran einen Nutzen sah. Shen Te, die Hauptperson des Stückes »Der gute Mensch von Sezuan« des vom chinesischen Denken beeinflußten

Bertolt Brecht, erfährt, daß es sich mit der Macht der Götter doch anders verhält, und sie singt im *Lied von der Wehrlosigkeit der Götter und Guten:*

»In unserem Lande
Braucht der Nützliche Glück. Nur
Wenn er starke Helfer findet
Kann er sich nützlich erweisen.
Die Guten
Können sich nicht helfen, und die Götter sind machtlos.
Warum haben die Götter nicht Tanks und Kanonen
Schlachtschiffe und Bombenflugzeuge und Minen
Die Bösen zu fällen, die Guten zu schonen?
Es stünde wohl besser mit uns und mit ihnen.«

Bei Mo Ti haben sie diese Macht. – Auf einige Beziehungen zwischen Mo Ti und Bertolt Brecht wird am Ende dieses Bandes hingewiesen.
Ausführlicher als in dem Abschnitt *Drei Erörterungen,* in dem Mo Ti zu dem Schluß kommt, daß die heiligen Könige wohl Musik hatten, doch so wenig, als ob sie überhaupt keine gehabt hätten (siehe Schriften Mo Ti, Bd. I, p. 82 ff.), begründet er im Abschnitt *Gegen die Musik* (p. 111 ff.) seine Behauptung, daß es verwerflich sei, Musik zu machen. Unter Musik versteht er auch Tanz und sonstige Vergnügungen. Dabei behauptet er gar nicht, man könne diese Vergnügungen nicht genießen, doch sofern sie dem Volke nicht nützen oder ihm gar schaden, müsse man sie ablehnen. Von dem Grundgedanken her steht dieser Abschnitt dem vorangegangenen *Mäßigung im Aufwand* (p. 45 ff.) sehr nahe. – Sich der Musik und sonstigen

sinnlichen Vergnügungen hinzugeben – und es sind hier in erster Linie wieder die Oberen, bei denen er solche Exzesse vorfindet – hält die Leute von der Erfüllung ihrer Aufgaben ab und entzieht dem Volke zuviel Arbeitskraft, so daß nicht genug Mittel für Nahrung und Kleidung des Volkes bleiben. Die Orientierung am Nutzen wird hier zur Forderung puritanistischer Kargheit. So sympathisch das Prinzip der Nützlichkeit ist, hier zeigt sich die Gefahr der Verabsolutierung solcher Prinzipien, der Mo Ti häufig erliegt.

In den Abschnitten *Gegen die Schicksalsgläubigkeit* (p. 119 ff.) argumentiert Mo Ti ähnlich wie in dem Abschnitt *Über die offenkundige Existenz von Geistern*. Die Fatalisten sagen: »Wenn das Schicksal Wohlstand bestimmt, dann gibt es Wohlstand; wenn das Schicksal Armut bestimmt, dann gibt es Armut.« Und damit halten sie das Volk davon ab, seinen Aufgaben nachzukommen. Weil daher die Fatalisten nicht menschlich sind, muß man ihre Reden sorgfältig untersuchen. Als Kriterium zur Untersuchung der Aussagen der Fatalisten nennt Mo Ti drei Urteilsregeln (*i*), nämlich Ursprung, Begründbarkeit und Anwendbarkeit. Anhand dieser Kriterien zeigt er, daß die heiligen Könige des Altertums nicht von der Annahme eines Schicksals ausgingen, daß die Menge selbst entsprechende Erfahrungen gemacht habe, die auch überliefert seien, und daß schließlich Schicksalsgläubigkeit zu Verwirrung im Reiche führe. Denn durch den Glauben an ein Schicksal werde die Menge davon abgehalten, sich selbst anzustrengen, und die Fürsten würden sich nicht mehr um die Ordnung des Reiches mühen. Es gibt also kein himmlisches Schicksal, sondern das Schicksal des Menschen ist der Mensch.

In dem letzten Abschnitt, *Gegen die Konfuzianer* (p. 140 ff.), den manche Kommentatoren nicht Mo Ti selbst, sondern erst seinen Enkelschülern zuschreiben, werden Konfuzius und seine Anhänger im Lichte der Lehren Mo Tis aufs schärfste angegriffen. So wird die Festsetzung der Trauerzeiten für die verschiedenen Angehörigen als widersprüchlich bezeichnet. Die konfuzianischen Trauer- und Trauungszeremonien seien zu aufwendig und überdies lächerlich. Ferner bezichtigt Mo Ti die Konfuzianer der Schicksalsgläubigkeit und des Schmarotzertums. Schließlich wirft er den Konfuzianern opportunistisches Schweigen vor, das seinem Gebot der angemessenen Kritik der Untergebenen an den Oberen zuwiderläuft. Konfuzius selbst sei illoyal, arrogant und vergnügungssüchtig gewesen und habe in ihn gesetztes Vertrauen mißbraucht. Insgesamt gründet sich, ebenso wie in seinen sonstigen Argumentationen, auch in diesem Abschnitt die Kritik an den Konfuzianern und der Vorwurf der Scheinheiligkeit auf den Nachweis von offenkundigen Widersprüchlichkeiten in der Lehre und im Verhalten der Konfuzianer.

Unter den Angriffen gegen die Konfuzianer ist die Kritik an ihrem Konservatismus von besonderer Bedeutung. Die Konfuzianer sagen: »Der Edle folgt nach und erfindet nicht selbst.« Daß die Mohisten gerade diese Haltung der Konfuzianer besonders stark angreifen, spricht für die These, sie seien Vertreter der Handwerkerschicht gewesen (s. Schriften Mo Ti Bd. I, p. 30). Doch wird die positive Bewertung von Erfindungen und Innovationen nicht mit einem Hinweis etwa auf »Fortschritte« begründet, sondern Mo Ti weist nur darauf hin, daß alles einmal habe erfunden werden müssen und die Maxime der Konfuzianer sich daher von selbst ad absurdum führe. Auch daran zeigt sich, daß die Mohisten den Konfuzianern kein ganz neues Ordnungskonzept vorschlagen konnten, sondern daß sie unter Betonung und Radikalisierung bestimmter Werte (Nützlichkeit, Sparsamkeit, Solidarität) Widersprüchlichkeiten in der Ideologie der Konfuzianer brandmarkten.

Die in dem vorliegenden Band übersetzten Texte entsprechen den in den Büchern 5–9 der Originalausgabe enthaltenen »synoptischen Erörterungen«. Von den jeweils drei Abschnitten zu einem Thema sind nur die zu den Themen *Gegen den Angriffskrieg, Der Wille des Himmels, Gegen die Schicksalsgläubigkeit* vollständig erhalten. Zu den anderen Themen ist nur jeweils ein Abschnitt, in einem Falle (*Mäßigung im Aufwand*) sind zwei Abschnitte erhalten.[22] Eine Ausnahme bildet das Thema *Gegen die Konfuzianer*, zu dem es nur zwei Abschnitte gegeben hat, von denen allerdings einer verlorengegangen ist.

BUCH V–IX
SYNOPTISCHE ERÖRTERUNGEN

GEGEN DEN ANGRIFFSKRIEG I

Da gibt es einen Mann, der in eines anderen Obstgarten eindringt und daraus Pfirsiche und Birnen stiehlt. Jedermann, der davon hört, wird ihn verurteilen. Und wenn die Oberen, die die Regierung in Händen halten, seiner habhaft werden, werden sie ihn bestrafen. Warum ist das so? Weil er einen anderen schädigt, um sich selbst Vorteile zu verschaffen. – Wenn einer die Hunde, Schweine, Hühner oder Ferkel eines anderen wegnimmt, dann ist die Verwerflichkeit einer solchen Handlung noch größer als aus dem Obstgarten eines anderen Pfirsiche und Birnen zu stehlen. Warum ist das so? Weil der Verlust des anderen größer ist, ist seine Verwerflichkeit noch größer und sein Verbrechen[23] noch schwerwiegender. – Wenn jemand in die Stallungen eines anderen eindringt und dessen Pferde und Ochsen an sich bringt, dann ist die Verwerflichkeit noch größer als die eines solchen, der Hunde, Schweine, Hühner und Ferkel stiehlt. Warum ist das so? Weil er dem anderen noch größeren Schaden zufügt; und da er dem anderen noch größeren Schaden zufügt, ist seine Verwerflichkeit auch noch größer und das Verbrechen schwerwiegender. – Wenn einer gar einen unschuldigen Menschen tötet, ihm die Kleider und den Pelz auszieht und Speer und Schwert an sich bringt, dann ist seine Verwerflichkeit noch viel größer als bei dem, der in die Stallungen eines anderen eindringt und dessen Ochsen und Pferde stiehlt. Inwiefern? Die Schädigung anderer Menschen ist dabei noch größer. Denn je höher der Grad der Schädigung, desto größer ist

die Verwerflichkeit und desto schwerwiegender das Verbrechen.
Die Edlen im Reiche wissen das alle und verdammen so etwas, und sie bezeichnen es als unrechtschaffen. Doch wenn nun einer in großem Maßstab solches tut und einen Staat angreift, dann wissen sie dies nicht zu verurteilen, sondern sie loben ihn noch und nennen ihn rechtschaffen. Kann man da noch sagen, daß sie den Unterschied zwischen Rechtschaffenheit und Verwerflichkeit kennen?
Wenn jemand einen anderen tötet, dann nennen sie es verwerflich und setzen darauf die Todesstrafe. Führt man diese Argumentationsweise fort, so ist einer, der zehn Menschen tötet, zehnmal verwerflicher und hat auch die zehnfache Strafe zu erwarten. Und tötet einer hundert Menschen, so ist er hundertmal verwerflicher und hat hundertfach sein Leben verwirkt. Die Edlen im Reiche erkennen dies alle an, verurteilen solche Handlungsweise und nennen sie verwerflich. Doch wenn in großem Maßstab Verwerflichkeit vorkommt und jemand einen Staat angreift, dann wissen sie es nicht zu verurteilen, loben es sogar noch und nennen es Rechtschaffenheit. Sie wissen wahrlich nicht, was Verwerflichkeit ist. Deshalb schreiben sie auch Berichte von ihren Kriegen nieder, um sie späteren Generationen zu überliefern. Denn wären sie sich der Verwerflichkeit des Kriegführens bewußt, würden sie das dann auch noch aufzeichnen und ihre verwerflichen Handlungen niederschreiben, um sie späteren Generationen zu überliefern?
Angenommen ein Mensch würde heute, wenn er wenig Schwarz sähe, dieses schwarz nennen, wenn er aber viel

Schwarz sähe, es als weiß bezeichnen. Wir müßten diesen Menschen für unfähig halten, Weiß und Schwarz zu unterscheiden. Oder ein anderer kostet etwas Bitteres und nennt es bitter, wenn er aber viel Bitteres kostet, nennt er es süß. Auch von einem solchen Menschen würden wir sagen, daß er nicht weiß, süß und bitter zu unterscheiden. Wenn nun ein kleiner Fehler begangen wird, dann wissen sie, ihn zu verurteilen; aber wenn ein großer Fehler begangen wird, wie das Angreifen eines Staates, dann wissen sie nicht, ihn zu verurteilen, sondern sie loben ihn sogar noch und nennen es Rechtschaffenheit. Kann man da noch sagen, daß sie den Unterschied von Recht und Unrecht kennen? – Daher wissen wir, daß die Edlen des Reiches hinsichtlich der Unterscheidung von Recht und Unrecht verwirrt sind.

GEGEN DEN ANGRIFFSKRIEG II

Meister Mo Ti sagte: Die Könige, Fürsten und hohen Beamten, die heute den Staat regieren, wünschen, daß Lob und Tadel nach sorgfältiger Prüfung erteilt werden, daß Belohnungen und Strafen gerecht seien und in der Rechtsprechung und Verwaltung Mäßigung herrsche. Daher sagte Meister Mo Ti: Im Altertum gab es ein Sprichwort: »Wenn man Pläne nicht verwirklichen kann, dann muß man unter Hinzuziehung der Vergangenheit das Zukünftige kennenlernen und durch das Offenkundige das Verborgene erkennen. Wer so plant, kann zur Einsicht kommen.«

Wenn man nun die Truppen aufbrechen läßt, muß man beim Marsch im Winter die Kälte und im Sommer die Hitze fürchten, so daß man solches nicht im Winter und auch nicht im Sommer unternimmt. Im Frühling würde man das Volk vom Pflügen, Säen und Pflanzen und im Herbst vom Ernten abhalten. Würde man sie also in einer dieser Jahreszeiten einberufen, so würden unzählige an Hunger und Kälte, an Frost und Unterernährung zugrunde gehen.

Wenn das Heer ausmarschiert, dann werden Bambuspfeile, Federflaggen und Zelte, Panzer und Schilde in zahlloser Menge vergeudet und geraubt, zerbrochen und verbraucht. Ferner werden Lanzen, Hellebarden, Speere, Schwerter und die Kriegswagen in unermeßlicher Zahl zersplittern und zerbrechen und werden verrotten und niemals zurückkehren. Eine große Anzahl von Ochsen und Pferden, die wohlgenährt auszieht, kommt geschwächt zurück, oder sie wird umkommen und überhaupt nicht mehr zurückkehren. Auch werden zahllose Menschen sterben, weil wegen der Entfernungen und der Länge der Wege die Versorgung unterbrochen wird und der Nachschub nicht nachkommt. Viele werden wegen der Unordnung nicht in Ruhe leben können und ihre Nahrung nicht zur rechten Zeit erhalten, und wegen der Unregelmäßigkeit von Hungern und Essen werden sie sterben. Die Truppen werden ungeheure Verluste erleiden und manche von ihnen werden sogar ganz aufgerieben werden. Dadurch werden die Geister zahllose Verehrer verlieren.

Warum treibt der Staat eine solche Politik, die die Bevölkerung ihrer Mittel und ihrer Vorteile in solch großem

Maße beraubt? – Man hat gesagt: »Wir streben nach dem Ruhm des Siegers und nach den Vorteilen, die wir dadurch erringen. Daher handeln wir so.« – Meister Mo Ti sagte dazu: Betrachtet man, was man erobert, so ist es in keiner Weise brauchbar, und was man erlangt, ist bei weitem nicht soviel wie das, was man verliert. Wenn man heute eine Stadt mit einer drei Meilen langen Mauer und einer sieben Meilen langen Außenmauer angriffe und diese ohne Anwendung von Waffen und ohne Menschen zu töten einnehmen könnte, dann wäre dies in Ordnung. Doch die Zahl der getöteten Menschen würde sicher in die Zehntausende gehen, zumindest aber in die Tausende, wenn man eine Stadt mit einer drei Meilen langen Innen- und einer sieben Meilen langen Außenmauer einnehmen wollte. Dabei gibt es heutzutage in den Staaten mit zehntausend Kriegswagen noch unbewohnte Orte zu Tausenden, und ohne sie besiegen zu müssen kann man dort eindringen. Und dort gibt es Zehntausende von Äckern Land, die man, ohne sie erst erobern zu müssen, bebauen kann. So ist das Land im Überfluß da, während die Bevölkerung nicht ausreicht. Heute nun rottet man diese Bevölkerung aus, und man verschärft die Schwierigkeiten der Untergebenen und Vorgesetzten, um eine nutzlose Stadt zu bekämpfen. So gibt man auf, wovon man ohnehin zu wenig hat, und vermehrt, was bereits im Überfluß da ist. Eine solche Politik ist nicht im Einklang mit dem Interesse des Staates.
Ein Beschöniger des Angriffskrieges wird vielleicht sagen: »Im Süden gibt es die Könige von Ching und Wu und im Norden die Fürsten von Ch'i und Chin. Als sie zuerst im Reiche belehnt wurden, war ihr Gebiet nicht größer als

hundert Quadratmeilen (*li*), und die Anzahl ihrer Bevölkerung erreichte kaum einige Zehntausende. Nur durch Angriffe und Eroberungen erreichte der Umfang ihrer Länder mehrere tausend Quadratmeilen und ihre Bevölkerung mehrere Millionen. Daher ist eine Verurteilung des Angriffskrieges nicht möglich.«

Meister Mo Ti sagte: Wenn auch vier fünf Staaten ihren Vorteil auf diese Weise erlangt haben, so ist diese Handlungsweise dennoch zu verurteilen. Dies ist als ob ein Arzt Kranke mit Medizin behandelt und allen Kranken in der Welt eine von ihm hergestellte Medizin verabreicht, so daß Zehntausende sie nehmen. Wenn dann vier oder fünf von ihnen dadurch geheilt werden, kann man diese Medizin doch nicht als die allgemein richtige Medizin bezeichnen. Ein pietätvoller Sohn würde sie niemals seinen Eltern und ein loyaler Beamter würde sie niemals seinem Fürsten geben. Von den Staaten, die im hohen Altertum im Reiche belehnt wurden, und von denen wir die früheren nur vom Hörensagen und die jüngeren bereits aus eigener Anschauung kennen, sind viele durch Eroberungskriege zugrunde gegangen. Woher wissen wir, daß das so ist? – Im Osten gab es einen Staat Chü. Es war ein kleiner Staat, der inmitten großer Staaten lag und dennoch diesen nicht respektvoll diente. Die Großen mochten ihn daher nicht, und da sie nur auf ihren eigenen Vorteil bedacht waren, brachten die Leute von Yüeh ein Stück des Gebietes dieses kleinen Staates an sich, und im Westen annektierten die Leute von Ch'i den ganzen Rest. Das, wodurch Chü zwischen Ch'i und Yüeh unterging, war ein Angriffskrieg. Auch Ch'en und Ts'ai im Süden wurden von den Staaten Wu und Yüeh durch Eroberungskriege zerstört. Und es war ebenfalls die Folge eines Angriffskrieges, daß im Norden Wu-t'u-ho durch seine Lage zwischen Yen, T'ai, Hu und Mo zugrunde ging.

Daher sagte Meister Mo Ti: Wenn die Könige, Fürsten und hohen Beamten heute wirklich Erfolg wünschen und keinen Verlust haben wollen, wenn sie Frieden und Ruhe wünschen und keine Gefahr, dann kommen sie nicht umhin, den Angriffskrieg zu verdammen.

Ein Beschöniger des Angriffskrieges wird vielleicht sagen: »Jene waren unfähig, ihre Mengen zusammenzubringen und einzusetzen. Daher sind sie untergegangen. Wir aber sind in der Lage, unsere Leute zusammenzubringen und einzusetzen und einen Eroberungskrieg mit ihnen zu führen. Wer wird es dann wagen, sich uns zu widersetzen?«

Meister Mo Ti würde darauf sagen: Du magst wohl Deine Truppen zusammenzubringen und einzusetzen in der Lage sein, doch kannst Du Dich mit Ho-lü von Wu aus dem Altertum vergleichen?[24] Einst unterwies Ho-lü seine Truppen sieben Jahre lang; in ihren Rüstungen und mit ihren Waffen konnten sie dreihundert Meilen zurücklegen, ehe sie rasteten. Bei Chu-lin kam er aus dem Engpaß von Ming-i hervor, und bei Po-chü lieferte er dem Königreiche Ch'u eine Schlacht, und als er dort eingedrungen war, ließ er Sung und Lu an seinem Hofe erscheinen. Als dann die Regierung auf Fu Ch'ai übergegangen war,[25] griff dieser im Norden Ch'i an, lagerte in Wen-shang, kämpfte in Ai-ling und brachte den Leuten von Ch'i, die sich in den T'ai-shan zurückgezogen hatten, eine große Niederlage bei. Im Osten griff er Yüeh an, überschritt die drei Flüsse und die fünf Seen, und die Leute von Yüeh verschanzten sich bei dem Berge K'uai-chi. Unter den Staaten der neun Barbaren gab es keinen, der sich ihm nicht unterwarf. Doch als er heimkehrte, entschädigte er die Verwaisten nicht und spendete dem Volke nichts. Er verließ sich nur auf seine Macht, pochte auf seine Erfolge, rühmte sich seiner Klugheit und versäumte dabei, die Leute zu unterweisen. Er ließ das Monument von Ku-su errichten, das in sieben Jahren noch nicht fertiggestellt war. Zu jener Zeit waren die Leute von Wu ermüdet und mürrisch. Und als der König Kou Chien von Yüeh[26] sah, daß in Wu zwischen Oberen und Untertanen kein gegenseitiges Einvernehmen mehr bestand, sammelte er seine Truppen, um sich zu rächen. Er drang in die nördliche Vorstadt ein, entführte die große Königsbarke, umzingelte den Palast, und so ging der Staat Wu unter.

Einst gab es in Chin sechs Minister, und Chih Po war der mächtigste unter ihnen. Die sechs Minister waren die Häupter der mächtigen Familien Han, Wei, Chao, Fan, Chung Hang und Chih. Im Vertrauen auf den Umfang seines Landbesitzes und die Anzahl seiner Gefolgsleute wollte Chih Po den anderen Fürsten entgegentreten und meinte, daß er sich durch schnelles Angreifen einen großen Namen machen könnte. Nachdem er seine Truppen gemustert und alle seine Wagen und Boote aufgestellt hatte, griff er den Herrn von Chung Hang an und eroberte dessen Land. Er sah, daß seine Pläne vollständig gelangen. Sodann griff er den Herrn von Fan an und bereitete ihm eine große Niederlage. Und nachdem er so den Besitz von drei Familien vereinigt hatte, ließ er doch noch nicht von

seinem Tun ab. Er umzingelte den Fürsten Hsiang von Chao in Chin-yang. Als es so weit gekommen war, da trafen sich Han und Wei und beratschlagten: »Im Altertum gab es ein Sprichwort: ›Wenn man die Lippen zurückzieht, werden die Zähne kalt.‹ Wenn das Haus der Chao am Morgen untergeht, werden wir am Abend folgen, und wenn das Haus von Chao am Abend fällt, werden wir am Morgen folgen. In einem Lied heißt es: ›Wenn die Fische sich nicht mehr im Wasser tummeln, was sollen sie dann erst tun, wenn sie sich bereits auf dem trockenen Land befinden?‹«
So sammelten die drei Fürsten einmütig ihre Kräfte, sie öffneten die Tore, ebneten sich die Wege, rüsteten sich und mobilisierten die Truppen. Han und Wei kamen von außen und der Herr von Chao von innen, und sie schlugen Chih Po und bereiteten ihm eine vollständige Niederlage.
Deswegen sagte Meister Mo Ti: Im Altertum gab es folgendes Sprichwort: »Der Edle spiegelt sich nicht im Wasser, sondern er spiegelt sich in den Menschen.[27] Im Wasser sieht man nur die Gesichtszüge, bei den Menschen aber erkennt man Geschick und Mißgeschick.« Wer heute einen Eroberungskrieg für vorteilhaft hält, hat der sich schon das Geschick des Chih Po vor Augen gehalten? Daß der Eroberungskrieg nicht segensreich, sondern verderblich ist, läßt sich klar erkennen.

GEGEN DEN ANGRIFFSKRIEG III

Meister Mo Ti sagte: Wenn heutzutage die Leute im Reiche etwas als gut preisen, was sind dann ihre Gründe? Preisen sie es, weil es oben dem Himmel Nutzen bringt und im mittleren Bereich den Geistern und unten den Menschen? Oder preisen sie es, weil es nicht dazu taugt, in dem oberen Bereich dem Himmel, im mittleren Bereich den Geistern und unten den Menschen Vorteil zu bringen? Selbst der dümmste Mensch würde sagen, daß sie das preisen, was oben dem Himmel, im mittleren Bereich den Geistern und unten den Menschen nützt.

Über die Methode der heiligen Könige besteht heutzutage Einmütigkeit. Doch von den Fürsten im Reiche lassen auch heute viele nicht davon ab, Angriffskriege zu führen und sich ihre Nachbarstaaten einzuverleiben. Sie behaupten, sie würden die Rechtschaffenheit preisen, aber sie prüfen nicht die Wahrheit dieser Behauptung. Dies ist als ob ein Blinder zwar die Worte »schwarz« und »weiß« gebraucht, aber nicht fähig ist, die Farben zu unterscheiden. Kann man sagen, daß dieser Unterscheidungsfähigkeit besitze?

Wenn sich daher die Weisen des Altertums um das Reich sorgten, dann achteten sie stets darauf, daß ihre Vorhaben in Übereinstimmung mit dem Richtigen waren, und erst danach handelten sie. Daher hatten sie bei ihrem Handeln dann keine Zweifel mehr, und schnell führten sie aus und erreichten, was sie sich wünschten. Stets achteten sie darauf, dem Himmel, den Geistern und den Menschen zu nützen. Dies war der Weg der Weisen.

Die tugendhaften Männer des Altertums, die über das Reich herrschten, taten genau das Gegenteil von dem, was wir über die großen Staaten der Gegenwart gesagt haben. Sie einten das Reich und brachten alles, was innerhalb der vier Meere lag, zusammen und leiteten die Bevölkerung des Reiches dazu an, durch Ackerbau Shang-ti[28] und den Geistern und Dämonen der Berge und Täler zu dienen. Da sie den Menschen viele Vorteile brachten, war auch ihr Erfolg groß. Daher belohnte sie der Himmel, die Geister bereicherten und die Menschen priesen sie. Sie wurden mit der Bezeichnung »Himmelssohn« geadelt und verfügten über das ganze Reich. Ihr Name trat zu dem von Himmel und Erde, und dies ist bis auf den heutigen Tag so geblieben. Dies ist der Weg der Weisen, der Weg, durch den die früheren Könige das Reich regierten.

Doch heutzutage sind die Könige, Fürsten und hohen Beamten und die Lehnsfürsten im Reiche nicht so. Sie alle mustern Truppen, die ihre Klauen und Zähne sind, stellen ihre Kriegsdschunken und Wagen auf, lassen Panzerungen bereitstellen, die Waffen schärfen, um gegen einen unschuldigen Staat zu Felde zu ziehen. Sobald sie die Grenzen des Staates überschritten haben, lassen sie das Getreide auf den Feldern abschneiden, die Bäume fällen, Wälle und Befestigungen schleifen und die Gräben mit den Trümmern auffüllen. Sie töten die Opfertiere, brennen die Ahnentempel nieder, morden die Bevölkerung, unterdrücken die Alten und Schwachen und schleppen die Gefäße und Schätze weg. Und die Soldaten werden in den Kampf getrieben mit den Worten: »Bei der Erfüllung des Auftrags zu sterben, ist das Höchste. Möglichst viele zu töten, das

Nächste; Wunden davonzutragen, das Geringste. Doch die Reihen zu verlassen und zu entfliehen wird ohne Gnade mit dem Tode bestraft.« Dadurch werden die Truppen in Furcht gehalten.

Wenn man Staaten annektiert und Armeen unterwirft, die Bevölkerung mordet und so die Errungenschaften der vorbildlichen Weisen zerstört, glaubt man, damit dem Himmel zu dienen? Wenn man Menschen, die ja Eigentum des Himmels sind, sammelt und mit ihnen Städte des Himmels angreift, dann tötet man Menschen des Himmels und zerstört die Sitze der Geister, stürzt die Altäre der Landesgötter um und tötet die für sie bestimmten Opfertiere, und man bringt dem Himmel oben keinen Vorteil. – Oder glaubt man etwa, damit den Geistern zu nützen? Wenn man Menschen tötet, dann vernichtet man diejenigen, die für die Geister und Dämonen sorgen, man zerstört den Kult der alten Herrscher, man unterdrückt und schädigt das Volk, und die Leute werden auseinander laufen. Dies bringt den Geistern im mittleren Bereich keinen Nutzen. – Oder denkt man etwa, damit den Menschen zu nützen? Wenn man durch Tötung von Menschen diesen nützte, dann würde man heute in der Tat großartiges leisten! Wenn wir einmal die Aufwendungen betrachten, so zehren sie an der Grundlage der gesamten Lebenshaltung, und der Bevölkerung des Reiches werden in unermeßlichem Ausmaße die Mittel und Vorräte entzogen. Dies nützt also auch im unteren Bereich nicht den Menschen.

Wenn nun die Armeen keinen Vorteil voreinander haben, dann sagen die Befürworter des Angriffskrieges: »Wenn unsere Generäle nicht mutig, unsere Soldaten nicht kampflustig, unsere Waffen nicht scharf, die Unterweisung nicht gründlich und die Truppen nicht zahlreich sind, wenn die Führung nicht einträchtig, die Autorität nicht stark, die Schädigung des Feindes nicht nachhaltig, die Angriffe nicht schnell, die Kontrolle über die Leute nicht streng und die Herzen nicht gehärtet sind, dann werden die Lehnsfürsten der mit uns verbündeten Staaten Zweifel bekommen. Und wenn jene an uns zweifeln, dann werden die Feinde ihre Pläne schmieden und ihre Wünsche verwirklichen.« Doch selbst wenn allen Anforderungen genüge getan ist, bevor man zum Krieg aufbricht, so wird der Staat seine Soldaten verlieren, und die Bevölkerung wird ihre Beschäftigung aufgeben müssen. Laßt uns diese Aussage näher betrachten![29]

Wenn ein angriffslustiger Staat ein Heer aufstellt, muß er etliche hundert hohe Offiziere und einige tausend Anführer und Zehntausende von Fußsoldaten aufbieten, bevor die Armee aufbrechen kann. Die Dauer des Feldzuges wird mehrere Jahre, zumindest aber einige Monate betragen. In dieser Zeit werden die Oberen keine Zeit haben, sich um die Regierungsgeschäfte zu kümmern, die Beamten keine Zeit haben, ihren Dienst in den Ämtern ordentlich zu versehen, die Bauern keine Zeit zum Säen und zum Ernten und die Frauen keine Zeit zum Spinnen und zum Weben haben. In diesem Fall wird der Staat seine Soldaten verlieren, und die Bevölkerung muß ihre Beschäftigung aufgeben. Hinzu kommt noch der Verlust an Wagen und Pferden. Und wenn ein Fünftel von den Zelten und Decken und der Ausrüstung der Armee, von den Panzern und Waffen zurückbleibt, dann ist das noch viel. Darüberhinaus wird eine große Zahl der Leute auf dem Wege desertieren oder verloren gehen, oder sie werden, da aufgrund der Länge des Weges die Verpflegung nicht nachkommt und sie nicht rechtzeitig zum Essen kommen, an Hunger und Kälte leiden und daran erkranken, in die Gräben fallen und sterben.[30] Dergestalt sind die Schäden, die ein Krieg für die Menschen mit sich bringt, und groß ist das Leid, das das Reich zu erdulden hat. Doch Könige, Fürsten und hohe Würdenträger, die am Kriege ihre Freude haben und ihn durchführen, freuen sich selbst daran, Zehntausende von Menschen im Reiche zu schädigen und untergehen zu lassen. Ist das nicht widersinnig?

Heutzutage sind die Staaten in der Welt, die den Krieg lieben, Ch'i, Chin, Ch'u und Yüeh. Selbst wenn diese Staaten ihren Willen über das ganze Reich erstrecken könnten, so daß ihre Bevölkerung sich verzehnfachte, so wären sie doch nicht in der Lage, alles Land zu bebauen. Die Bevölkerung reichte nicht aus, und Land wäre im Überfluß da. Doch auch heute kämpfen sie um Land und schädigen einander. Dabei vermindern sie nur, woran es ihnen ohnehin schon mangelt, und vermehren das, was bereits im Überfluß vorhanden ist.

Die Fürsten, die heute den Eroberungskrieg lieben, bemänteln ihre eigenen Lehren und kritisieren Mo Ti, indem sie sagen: »Hältst Du den Angriffskrieg für nicht rechtschaffen und für nicht nutzbringend? – Im Altertum unternahm doch Yü eine Strafexpedition gegen den Fürsten der Miao, und T'ang griff Chieh und König Wu den Chou an. Und sie alle sind zu vorbildlichen Königen erhoben worden. Was ist der Grund?«

Meister Mo Ti sagte: Ihr habt die Ebene, auf der ich argumentiere, noch nicht erfaßt und noch nicht ihre Voraussetzungen erkannt. Diese Taten waren nämlich keine Angriffe, sondern Bestrafungen.[31]

Als im Altertum die drei Miao-Stämme einen großen Aufstand machten, gab der Himmel den Befehl, sie zu vernichten. Die Sonne ging mitten in der Nacht auf und drei Tage regnete es Blut. Ein Drache erschien in dem Ahnentempel und die Hunde heulten auf dem Marktplatz. Im Sommer gab es Frost und die Erde zerbarst bis auf die Quellen, und die fünf Feldfrüchte wuchsen alle deformiert. Da geriet das Volk in großes Entsetzen, und Kao Yang[32] befahl dem Yü im Dunklen Palast persönlich den Jadestab an sich zu nehmen und den Fürsten der Miao in seine Schranken zu weisen. Vier Blitze ermahnten ihn zur Ehrfurcht, und es erschien ein Geist mit menschlichem Antlitz und dem Körper eines Vogels, einen Jadestab tragend, um Yü zu dienen. Den Fürsten der Miao traf ein Pfeil, und das Volk der Miao geriet in große Verwirrung und war dem Untergang nahe. Nachdem Yü die drei Miao befriedet hatte, durchstach er Berge und regulierte Flüsse und schied die Dinge in Oben und Unten. Glänzend regierte er die vier Enden der Welt, weder Geister noch Menschen traten ihm entgegen, und im Reiche herrschte Frieden. In dieser Weise wies Yü den Fürsten der Miao in seine Schranken.

Im Falle des Königs Chieh von Hsia erließ der Himmel ebenfalls einen Befehl; Sonne und Mond erschienen zu Unzeiten, und Kälte und Hitze kamen durcheinander. Die fünf Feldfrüchte verdorrten und die Geisten heulten im

Reiche, und über zehn Nächte lang schrien die Kraniche. Da trug der Himmel dem T'ang im Piao-Palast auf, das große Mandat der Hsia zu übernehmen: »In Hsia ist die Tugend in völliger Unordnung, deshalb habe ich ihren himmlischen Auftrag zurückgenommen. Gehe und züchtige sie, ich werde Dir die nötige Kraft dazu verleihen.«[33] Erst dann wagte T'ang, sich an die Spitze seiner Truppen zu stellen und auf die Grenze von Hsia zuzugehen, und Shang-ti ließ die Stadt der Hsia fast unbemerkt einnehmen. Nach kurzer Zeit erschien ein Geist und verkündete: »Die Tugend der Hsia ist in vollständigem Verfall. Gehe und greife sie an. Ich werde Dir große Kraft dazu verleihen. Ich selbst erhielt den Befehl vom Himmel.« – Daraufhin beauftragte der Himmel den Feuergott Chu-jung, Feuer herabzusenden und die Stadt der Hsia an der Nordwestecke anzuzünden. Und T'ang, der die Armee von Chieh anführte, eroberte sie. Dann versammelte er alle Fürsten in Po, seiner Residenz, klärte sie auf über den himmlischen Auftrag, den er in alle vier Gegenden verbreiten ließ, und von den Fürsten des Reiches wagte keiner, ihm nicht zu huldigen. So bestrafte T'ang den Chieh.

Im Falle des Königs Chou von Shang billigte der Himmel nicht seine Macht, denn er verrichtete die Opfer nicht zum rechten Zeitpunkt, und zehn Tage und Nächte regnete es Schlamm in Po. Die neun Dreifüße bewegten sich von ihrem Platz, geisterhafte Frauen erschienen in der Dunkelheit und bei Nacht wehklagten die Geister. Frauen wurden zu Männern, es regnete Fleisch und auf den Staatsstraßen wuchsen Dornen, doch der König ließ sich noch mehr gehen. Ein purperner Vogel mit einem Jadestab im Schnabel ließ sich auf dem Staatsaltar der Chou nieder und verkündete: »Der Himmel beauftragt König Wen von Chou, Yin anzugreifen und den Staat zu übernehmen.« T'ai-tien kam als Gast und zollte dem König Respekt, und aus dem Gelben Fluß kam eine grüne Tafel hervor, und der Erde entsprang ein gelbes Pferd.«[34] König Wu bestieg den Thron. Da sah er im Traum drei Geister, die sagten: »Wir haben Chou von Yin der Trunksucht verfallen lassen. Gehe hin und greife ihn an. Wir werden Dir große Kraft dazu verleihen.« König Wu griff ihn daraufhin an und ersetzte Yin durch Chou. Der Himmel beschenkte König Wu mit einer Flagge, auf der ein gelber Vogel war. Und als der König die Yin besiegt und die Verheißung Gottes erfüllt hatte, ließ er die verschiedenen Geister verehren und brachte den Vorgängern Chous Opfer dar. Er nahm Verbindungen zu allen vier Barbarenstämmen auf, und im Reiche gab es keinen, der ihm nicht Verehrung zollte. So setzte er das Werk des T'ang fort. Auf diese Weise strafte König Wu den Chou. Wenn wir nun diese drei Könige betrachten, so handelte es sich bei dem, was sie taten, nicht um Angriffskriege, sondern um Bestrafungen.

Die den Angriffskrieg liebenden Fürsten mögen ihre Lehre noch weiter beschönigen, um Meister Mo Ti zu widerlegen, und sagen: »Hältst Du den Angriffskrieg für nicht rechtschaffen und für nicht nutzbringend? Als einst Hsiung-li, der Gründer von Ch'u zuerst in der Gegend des Berges Sui belehnt wurde, als I-k'uei von Yüeh, der von Yu-chü abstammte, zum Fürsten von Yüeh gemacht wurde, als T'angshu und Lü Shang Ch'i und Chin gründeten, erstreckten sich alle diese Staaten über nicht mehr als jeweils ein paar hundert Quadratmeilen. Doch heutzutage haben sich diese vier dank der Eroberung anderer Staaten das ganze Reich untereinander geteilt. Warum ist das so?«

Meister Mo Ti antwortete: Ihr habt nicht die Ebene, auf der ich argumentiere, und nicht ihre Voraussetzungen begriffen. Als im Altertum der Himmelssohn die Fürsten belehnte, da gab es über zehntausend von ihnen. Doch heute sind wegen der Annexion von Staaten all diese zehntausend Staaten zugrunde gegangen, und es gibt nur noch vier Staaten.[35] Dies ist wie wenn ein Arzt mehr als zehntausend Personen mit Medizin behandelt und nur vier genesen; da kann man doch nicht von einem guten Arzt sprechen!

Doch diese Fürsten, die den Angriffskrieg lieben, mögen ihre Auffassung folgendermaßen bemänteln: »Nicht daß wir an Gold, Juwelen, Männern und Frauen oder Land nicht genügend hätten; wir wollen uns den Ruf der Gerechtigkeit im Reiche einbringen und mit unserer Tugend die Lehnsfürsten für uns gewinnen!«

Meister Mo Ti erwiderte darauf: Wenn Ihr wirklich den Ruf der Gerechtigkeit im Reiche begründen und andere Fürsten durch Eure Tugend gewinnen könntet, dann hätte sich das Reich Euch schon längst unterworfen. Denn schon lange gibt es Angriffskriege im Reiche, und es ist erschöpft wie ein Knabe, der den ganzen Tag Pferd gespielt hat.

Wenn es heute einen gäbe, der in seiner Beziehung zu anderen zuverlässig wäre und in erster Linie den Fürsten im Reiche nützen würde, einen, der bei unrechtmäßigem Verhalten eines Großstaates zusammen mit anderen sein Mitgefühl zeigte, und, wenn ein großer Staat einen kleinen angriffe, mit anderen zusammen jenem zu Hilfe eilte; der, wenn die Wälle und Mauern eines kleinen Staates nicht in Ordnung wären, dann sicher für deren Instandsetzung sorgen würde; der, wenn die Vorräte eines kleinen Staates an Kleidung und Nahrung erschöpft sind, diesem aushülfe, und wenn die Seidenstoffe nicht ausreichen, sie ergänzte, – wenn einer sich so gegenüber den kleinen Staaten verhielte, dann wären die Fürsten der kleinen Staaten erfreut. Wenn sich andere mühen, während man selbst Ruhe hat, dann kann man selbst die Rüstungen und Waffen verstärken, und wenn man wohltätig ist und der Not abhilft, dann wird man das Volk sicher gewinnen. Und wenn man statt Angriffskriege zu führen seinen eigenen Staat in Ordnung hält, wird man vielfältigen Erfolg haben. Wenn man die eigenen Ausgaben für das Heer berechnet und mit den ruinösen Anstrengungen der anderen Fürsten vergleicht, dann wird man sehen, welchen großen Vorteil man sich verschafft hat. Wenn man sich korrekt verhält und im Namen der Rechtschaffenheit handelt, wenn man gütig gegen das Volk ist und seinem Heer vertraut, dann gewinnt man die Armeen der anderen Lehnsfürsten und hat im ganzen Reich keine Feinde, und der Nutzen für das Reich ist unermeßlich. Dies ist, was dem Himmel nützt.

Wenn die Könige, Fürsten und hohen Beamten dies nicht anzuwenden wissen, dann muß man sagen, daß sie das wichtigste Mittel, dem Reiche zu nützen, nicht kennen.

Daher sagte Meister Mo Ti: Wenn die Könige, Fürsten, hohen Beamten und Edlen wirklich das Wohl des Reiches mehren und Schaden von ihm abwenden wollen, dann müssen sie sich bewußt werden, daß der Angriffskrieg ein großer Schade für das Reich ist. Wenn sie menschlich und rechtschaffen handeln und hervorragende Gelehrte sein wollen, wenn sie im Einklang mit dem Weg der heiligen Könige zum Nutzen der Bevölkerung des Reiches handeln wollen, dann kommen sie nicht umhin, sich mit meinen Worten über die Verurteilung des Eroberungskrieges auseinanderzusetzen.

MÄSSIGUNG IM AUFWAND I

Wenn ein Weiser einen Staat regiert, dann bringt das dem Staate doppelten Nutzen. Wenn er die Welt regiert, dann bringt das der Welt doppelten Nutzen. Die Verdoppelung kommt nicht durch das Hereinnehmen zusätzlicher Gebiete von außen zustande, sondern dadurch, daß er von unnützen Aufwendungen im Staate selbst absieht. Wenn ein Weiser die Regierungsgeschäfte führt, wird er beim Erlassen von Gesetzen, beim Beginnen von Vorhaben, bei der Einstellung der Leute und bei der Verwendung von Gütern nichts tun, was keinen Nutzen mit sich bringt. Infolgedessen werden keine Güter vergeudet, die Kraft des Volkes wird nicht geschwächt, und man erlangt sogar noch viele Vorteile.

Zu welchem Zwecke macht man Kleider und Pelze? Um im Winter die Kälte abzuhalten und sich im Sommer vor der Wärme zu schützen. Da es das Wesen der Kleidung ist, im Winter zu wärmen und im Sommer zu kühlen, wird, was nur schön ist und nicht diesem Zwecke dient, fortgelassen.[36]

Warum baut man Häuser? Damit sie im Winter Wind und Kälte und im Sommer Hitze und Regen abhalten und einen Schutz vor Dieben und Räubern geben. Was nur schön ist und nicht diesem Zwecke dient, wird fortgelassen.

Warum stellt man Rüstungen, Schilde und die fünf verschiedenen Waffen her? Um sich vor Rebellen und Banditen zu schützen. Wenn Rebellen und Banditen auftreten und man Rüstungen, Schilde und Waffen hat, kann man sie überwältigen; hat man sie aber nicht, ist man hilflos. Daher ließen die heiligen Könige Rüstungen, Schilde und Waffen anfertigen, und alle diese Waffen wurden besonders leicht, scharf und dauerhaft und schwer zerbrechlich gemacht. Auf allen Zierrat, der nicht zu diesem Zwecke beitrug, verzichteten sie.

Zu welchem Zwecke werden Wagen und Schiffe gebaut? Wagen baut man, um mit ihnen über Hügel und Ebenen zu fahren, und Schiffe, um mit ihnen auf Flüssen zu verkehren und so die Vorteile der vier Himmelsrichtungen austauschen zu können. Als Prinzip bei der Anfertigung von Booten und Wagen gilt, sie möglichst leicht und handlich zu machen. Und alles, was zu diesem Zwecke nicht beiträgt, läßt man weg.

Bei der Herstellung all dieser Gegenstände wird nichts Unnützes getan. So werden die Mittel nicht vergeudet und die Kraft des Volkes nicht erschöpft, und doch hat man großen Vorteil davon.

Wenn man die Herrscher von ihrer Vorliebe abbringen könnte, Perlen, Edelsteine, Vögel, wilde Tiere, Hunde und

Lieber Leser,

möchten Sie auch andere Bücher unseres Verlages kennenlernen? Wir informieren Sie gern laufend über

DIEDERICHS NEUERSCHEINUNGEN

Ferner übermitteln wir Ihnen gern unsere Kataloge und Prospekte über Bücher Ihrer Interessengebiete. Senden Sie darum bitte diese Karte ausgefüllt an uns zurück.

Ihr Eugen Diederichs Verlag

Interessierende Fachgebiete (Zutreffendes bitte ankreuzen)

☐ Jahreskatalog
☐ Märchen, Romane, Biographien
☐ Sozialwissenschaft (Soziologie, Verhaltensforschung, Psychologie)
☐ Zeitgeschehen (Politik und Länderkunde)
☐ Modernes Weltbild (Religion, Philosophie, Kulturgeschichte)

Name, Vorname
_____

Beruf, Alter
_____

Ort (mit Postleitzahl)
_____

Straße
_____
(Bitte alles in Blockschrift)

75—100

Postkarte

Bitte freimachen

Schicken Sie mir bitte folgende ausführliche Einzelprospekte zu (Gewünschtes unterstreichen):

Die Märchen der Weltliteratur
Östliche Philosophie (China, Indien)
Soziologie und Psychologie
Sören Kierkegaard/Gesammelte Werke
Isländische Saga-Literatur
Sagen deutscher Landschaften
Kulturgeschichte/Biographien
Unsere Bücher erhalten Sie bei Ihrem Buchhändler.
Senden Sie bitte Informationsmaterial **außerdem** an folgende Anschrift:

Name, Vorname

Ort (mit Postleitzahl)

Straße
(Bitte alles in Blockschrift)

Eugen Diederichs Verlag

5000 Köln 1

Postfach 100526

Pferde zu horten, und stattdessen die Anzahl von Kleidern und Häusern, Rüstungen, Schilden und Waffen, Schiffen und Wagen zu vermehren, dann wäre deren Anzahl leicht zu verdoppeln. – Wenn das nicht schwierig ist, was wäre dann schwierig zu verdoppeln? Allein die Anzahl der Menschen zu verdoppeln ist schwierig, doch auch sie läßt sich verdoppeln!
Einst erließen die heiligen Könige folgendes Gesetz: »Männer von zwanzig Jahren dürfen es nicht wagen, keinen Hausstand zu gründen, und Mädchen von fünfzehn Jahren dürfen es nicht wagen, keinem Manne zu dienen.« Das war ein Gesetz der heiligen Könige.[37] Seit die heiligen Könige nicht mehr da sind, folgt das Volk nur seinen eigenen Wünschen. Solche, die schon früh einen Hausstand gründen wollen, tun dies manchmal schon mit zwanzig Jahren, und solche, die erst spät einen Hausstand gründen wollen, tun dies manchmal erst mit vierzig. Das Durchschnittsalter bei der Heirat liegt somit zehn Jahre über dem zur Zeit der heiligen Könige üblichen. Da nun die Leute gewöhnlich alle drei Jahre ein Kind haben, könnten sie in diesen zehn Jahren zwei bis drei Kinder bekommen. Doch kann man die Bevölkerung verdoppeln, wenn man die Leute nicht dazu bringt, früh eine Familie zu gründen? Sicherlich nicht!
Die heute die Regierung im Reiche ausüben, vermindern auf mannigfache Weise die Bevölkerung. Sie lassen das Volk bis zur Erschöpfung arbeiten und erheben von ihm hohe Steuern; und die Vorräte des Volkes reichen nicht aus, so daß unzählige Menschen an Kälte und Hunger zugrunde gehen. Außerdem denken die Oberen nur daran, Armeen aufzustellen und benachbarte Staaten anzugreifen; solche

Kriegszüge dauern Jahre oder doch zumindest Monate. Männer und Frauen können einander für diese Zeit nicht treffen. Und dies trägt dazu bei, die Bevölkerung zu vermindern. In den Siedlungen herrscht Friedlosigkeit, und groß ist die Zahl derer, die nicht regelmäßig zu essen bekommen und dadurch krank werden und sterben. Groß ist auch die Zahl derer, die durch Hinterhalte, Feuerangriffe und Angriffe gegen Städte oder bei offenen Feldschlachten ihr Leben verlieren.
So können schlechte Herrscher auf verschiedenste Weise, die Bevölkerung vermindern. Als die vorbildlichen Könige jedoch die Regierungsgeschäfte ausübten, gab es das nicht. Aber selbst für diejenigen, die selbst nicht gerade Weise sind, gibt es bei der Regierung Möglichkeiten, die Bevölkerung zu vermehren.
Daher sagte Meister Mo Ti: Unnütze Ausgaben zu unterlassen ist der Weg der vorbildlichen Könige und ist von großem Nutzen für das Reich.

MÄSSIGUNG IM AUFWAND II

Meister Mo Ti sagte: Im Altertum herrschten die erleuchteten Könige und die Weisen über das Reich, und die Fürsten führten durch loyale Treue und Liebe zum Volk. Sie brachten dem Volke großen Nutzen, und Loyalität und Vertrauen verband sie miteinander. Sie zeigten dem Volke, was ihm nützlich war, und ihr ganzes Leben bis an ihr

Ende ermüdeten und ermatteten sie nicht. Dies war es, wodurch im Altertum die erleuchteten Könige und Weisen das Reich regierten und die Fürsten anleiteten.

Die heiligen Könige des Altertums erließen Gesetze zur Mäßigung bei den Aufwendungen: »Alle Handwerker im Reiche, Radmacher, Wagner, Ledersticker, Gerber, Töpfer, Gießer und Tischler, sollen ihr Werk tun, ein jeder entsprechend seinen Fähigkeiten.« Ferner: »Wenn genug für den Bedarf des Volkes getan ist, dann soll man aufhören.« Alles, was zusätzliche Ausgaben erfordert und nicht von Vorteil für das Volk ist, verurteilten sie.

Die heiligen Könige des Altertums erließen auch Gesetze zur Regelung der Herstellung von Speisen und Getränken. Sie sollten ausreichend zum Stillen von Hunger und Durst und zur Fortführung des Lebens sein, sollten die Glieder stärken und Ohr und Auge schärfen, und damit sollte es dann aber auch genug sein. Vor allem sollte man nicht die Zusammenstellung der fünf Geschmacksrichtungen und die Abstimmung von Gewürzen und Gerüchen bis zum äußersten treiben.[38] Man sollte sich nicht absonderliche, außergewöhnliche Speisen aus fernen Ländern holen. Woher wissen wir, daß das so wahr?

Als Yao im Altertum das Reich regierte, befriedete er im Süden Chiao-tzu[39], machte im Norden seinen Einfluß bis Yu-tu geltend, nach Osten und Westen herrschte er von Sonnenaufgang bis Sonnenuntergang, und es gab keinen, der sich ihm nicht ehrfürchtig unterwarf. Doch selbst wenn ihm aufgetischt wurde, was er am meisten liebte, nahm er niemals von Hirse und Reis oder von Suppe und Fleisch zugleich. Er aß aus einem irdenen Topf, er trank aus ei-

nem irdenen Gefäß, und den Wein trank er aus einer Schöpfkelle. Das mehrfache Verbeugen und geschäftiges Hin- und Hereilen, Höflichkeiten und zeremonielles Gehabe ließen die vorbildlichen Könige nicht aufkommen.[40]
Die vorbildlichen Könige erließen auch Gesetze zur Kleiderordnung. Man sollte sich im Winter in blaue und graue Seide kleiden[41], die leicht ist und warm hält, und im Sommer sollte man sich in Grasleinen kleiden, das leicht ist und kühlt. Damit sollte es genug sein. Alles, was zusätzliche Aufwendungen erfordert und dem Volke nicht weiter nützt, das ließen die vorbildlichen Könige beiseite.
Da reißende und hinterlistige Tiere die Menschen schädigten und den Leuten Unheil brachten, lehrten die Weisen im Altertum die Bevölkerung, mit Waffen umzugehen. Sie sollten Schwerter mit sich führen, deren Stoß durchdringt, mit deren Hieb sie zerspalten konnten, und die selbst dann nicht zerbrechen, wenn sie von der Seite angeschlagen werden. Die Rüstungen sollten leicht und handlich sein, und sie sollten sich dem Körper in der Bewegung anpassen. Dies war der Nutzen der Rüstungen.
Wagen dienten dazu, Lasten über weite Entfernungen zu befördern; darum mußten sie sicher zu fahren und einfach zu lenken sein. Sicher, um den Fahrer nicht zu verletzen, und bequem zu lenken, um schnell das Ziel zu erreichen. Dies war der Nutzen der Wagen. – Da man breite Gewässer und weite Flußtäler zunächst nicht überqueren konnte, ließen die vorbildlichen Könige des Altertums Boote und Ruder herstellen, gerade so aufwendig, daß sie diese damit überqueren konnten. Selbst für die drei Minister wurden Boote und Ruder nicht ausgewechselt oder verändert, und

auch die Staatsmänner legten für sie keine besonderen Prunkkleider an. Dies war der Nutzen der Boote.
Einst erließen die vorbildlichen Könige auch ein Gesetz zur Mäßigung bei den Begräbnissen. Drei Leichentücher sollten genug für das verwesende Fleisch sein, und ein drei Zoll starker Sarg sollte ausreichen für die vermodernden Knochen. Das Grab sollte nicht bis auf die Tiefe des Grundwassers ausgehoben werden, aber doch so tief, daß die Gase nicht nach oben entweichen konnten. Wenn die Toten einmal begraben waren, dann sollten die Lebenden nicht lange trauern und klagen.
Als in der Urzeit die Menschen gerade erst aufgetreten waren und es noch keine Häuser und Wohnungen gab, da wohnten sie in Höhlen an Berghängen. Die heiligen Könige sorgten sich darum, weil sie sahen, daß diese Höhlen im Winter wohl Wind und Kälte abzuhalten vermochten, doch im Sommer auf dem Boden feucht und oben dunstig waren, so daß eine Schädigung der Volksgesundheit zu befürchten war. Sie ließen deshalb Häuser und Wohnungen bauen, und diese erwiesen sich als nützlich. Doch nach welchem Standard wurden die Häuser und Wohnungen gebaut? – Meister Mo Ti sagte: Die Seitenmauern konnten Wind und Kälte abhalten, und das Dach Schnee, Frost, Regen und Tau. Im Inneren waren sie so sauber, daß man dort Opfer darbringen konnte, und die Mauern reichten aus, um Männer und Frauen voneinander zu trennen. Das genügte. Allen Zusatz, der nicht den Gebrauchswert für die Leute erhöhte, ließen die vorbildlichen Könige weg.[42]

EINFACHHEIT BEI BEGRÄBNISSEN[43]

Meister Mo Ti sagte: Die Sorge eines Tugendhaften um das Reich ist nicht verschieden von der Sorge eines pietätvollen Sohnes um seine Eltern. Doch wie wird sich heute ein pietätvoller Sohn in der Sorge um seine Eltern verhalten? Wenn die Eltern arm sind, dann versucht er, sie reich zu machen, wenn seine Familie klein ist, sucht er, sie zu vergrößern, und wenn Unordnung herrscht, dann sucht er, die Ordnung wieder herzustellen. Bei seinen Bemühungen mögen seine Kraft und seine Mittel nicht genügen und sein Wissen nicht ausreichen; dann kann er darüber hinaus nichts tun. Doch solange er noch Kräfte übrig hat, solange es noch unversuchte Pläne und mögliche Chancen gibt, wird er es nicht wagen, diese nicht für seine Eltern auszunutzen. Dies sind die Ziele, die ein pietätvoller Sohn in der Sorge um seine Eltern am wichtigsten nimmt.

Ebenso ist auch der Tugendhafte um sein Reich besorgt; wenn sein Reich arm ist, wird er versuchen, es wohlhabend zu machen. Wenn die Bevölkerung gering ist, wird er versuchen, sie zu mehren, und wenn die Menge in Aufruhr ist, wird er sich bemühen, Ordnung zu stiften. Auch bei diesen Bemühungen mögen seine Kräfte und seine Mittel nicht genügen und seine Kenntnisse nicht ausreichen. Doch solange es noch Kräfte und ungenutzte Pläne gibt sowie die Chance, Vorteile zu erlangen, wird er nicht davon ablassen, diese für sein Reich auszunutzen. Diese drei Ziele nimmt der Tugendhafte bei der Sorge um das Wohl des Reiches am wichtigsten.

Seit die weisen Könige der drei Dynastien[44] nicht mehr am Leben sind und die Welt deren Grundsätze aufgegeben hat, halten manche Edle[45] großartige Begräbnisse und eine lange Trauerzeit für menschlich und rechtschaffen und für die Pflicht eines pietätvollen Sohnes. Andere wieder meinen, aufwendige Begräbnisse und lange Trauerzeiten widersprächen der Menschlichkeit und Rechtschaffenheit und gehörten nicht zur Pflicht eines pietätvollen Sohnes. Die Worte dieser beiden Parteien widersprechen einander, und ihr Handeln steht im Gegensatz zueinander. Beide behaupten, sie befolgten die Lehren von Yao, Shun, Yü, T'ang, Wen und Wu. Doch ihre Worte widersprechen einander, und ihre Taten stehen zueinander im Gegensatz. Demzufolge sind alle Edlen späterer Zeiten im Zweifel über beide Ansichten. Da sie sich über die beiden Ansichten nicht im klaren sind, wollen wir jene überprüfen, sie im Verhältnis zur Regierung, zum Staat und der Bevölkerung betrachten und zusehen, wie sich aufwendige Begräbnisse und lange Trauer zu jenen drei oben genannten Zielen verhalten.[46]

Ich meine, wenn bei Befolgung der Prinzipien und Ausführung der Pläne jener, die aufwendige Begräbnisse und lange Trauer befürworten, wirklich die Armen wohlhabend und die Bevölkerung vermehrt, Gefahren gebannt und Unruhen beigelegt werden, dann ist ein solches Verhalten menschlich und rechtschaffen und die Pflicht eines pietätvollen Sohnes. Dann muß jeder Berater unbedingt dazu ermuntern und die Tugendhaften, die den Nutzen im Reiche zu mehren suchen, müssen sie annehmen und das Volk dazu bringen, sie das ganze Leben lang in Ehren zu halten. Wenn man andererseits jenen Prinzipien und Leh-

ren folgt, und man vermag dabei nicht, die Armen zu bereichern und das Volk zu mehren, Gefahren zu bannen und Aufstände zu beseitigen, dann ist ein solches Verhalten nicht menschlich und nicht rechtschaffen und nicht die Pflicht eines pietätvollen Sohnes. Und jene, die Beraterfunktionen ausüben, müssen dem unbedingt Einhalt gebieten, und die Tugendhaften, die Schaden vom Reiche abzuwenden suchen, werden es ablehnen und die Menschen dazu bringen, solches Verhalten ihr ganzes Leben lang zu verurteilen. Denn das hat es noch nie gegeben, daß man dadurch, daß man den Nutzen im Reiche mehrte und Schaden von ihm abwendete, bei der Regierung und der Bevölkerung keine Ordnung zustande gebracht hätte. Woher wissen wir, daß das so ist?
Heute hegen viele Gelehrte und Edle im Reiche Zweifel, ob aufwendige Begräbnisse und lange Trauer richtig oder falsch, nützlich oder schädlich sind. Meister Mo Ti sagte dazu: Laßt uns daher die Angelegenheit untersuchen. Wenn wir den Vorstellungen derer folgen, die aufwendige Begräbnisse und lange Trauer befürworten, und sie im Staate anwenden, dann bedeutet das für das Begräbnis eines Königs, eines Fürsten oder eines hohen Beamten, daß unbedingt mehrere innere und äußere Särge nötig sind, daß die Beerdigung aufwendig und die Totengewänder zahlreich sein müssen, und daß viel Seidenstickerei verwendet werden und es einen hohen Grabhügel geben muß. Und wendete man diese Sitte auch bei kleinen und einfachen Leuten an, dann würde bei einem Todesfall fast das gesamte Familienvermögen aufgebraucht, und bei einem Lehnsfürsten würden die Vorräte des Landes verbraucht. Man würde dem

Leichnam auch noch Gold, Perlen und Edelsteine beigeben und Seidenbündel, Wagen und Pferde in die Gruft senken. Darüberhinaus müßten dann Gehänge, Dreifüße, Pauken, Tische, Matten, Schalen, Tröge, Speere, Schwerter, Federn und Banner sowie elfenbeinerne Gegenstände beigegeben werden, um den Anforderungen genüge zu tun. Die Anzahl derer, die den Verstorbenen zu begleiten haben, würde bei dem Himmelssohn mehrere hundert oder zumindest doch mehrere dutzend zu opfernder Menschen betragen, und bei Generälen und hohen Würdenträgern mehrere dutzend oder zumindest doch einige.

Welche Vorschriften hat einer zu beachten, der sich in Trauer befindet? Er muß jammern und heulen und in unregelmäßigen Abständen wehklagen. Er hat einfache Trauerkleider zu tragen und zu weinen, in einer Trauerhütte zu wohnen, auf einer Strohmatte zu schlafen und einen Erdkloß als Kopfkissen zu benutzen. Er darf nicht essen, um hungernd auszusehen, und muß dünne Kleidung tragen, um zu frieren. Sein Gesicht muß einen kränklichen Ausdruck haben und seine Gesichtsfarbe aschfahl sein. Gehör und Sehvermögen verlieren dann ihre Schärfe, Hände und Füße ihre Behendigkeit und Kraft, so daß sie ihm schließlich den Dienst versagen. Es heißt, daß ein hoher Beamter in Trauer sich nur durch Aufstützen erheben kann und nur mit Hilfe eines Stockes zu laufen vermag. Das dauert drei Jahre.[47]

Wenn nun die Könige, Fürsten und hohen Beamten diese Worte und solche Handlungsweisen befolgen, dann können sie morgens keine Audienzen abhalten, die fünf Ministerien und die sechs Ämter nicht besorgen, keinen Ackerbau und keine Forstwirtschaft betreiben und sich nicht um die Füllung der Speicher kümmern.[48] Wenn die Ackerbauern diese Handlungsweise zu befolgen hätten, dann wären sie nicht in der Lage, morgens früh aufs Feld zu gehen und erst abends heimzukehren, sie wären nicht imstande zu pflügen, zu säen und zu pflanzen. Und wenn die Handwerker sich danach richteten, dann könnten sie keine Schiffe und Wagen bauen und keine Geräte und Gefäße anfertigen. Wenn die Frauen diesem Brauche folgten, dann könnten sie nicht früh aufstehen und abends ins Bett gehen und tagsüber spinnen und weben.

So läßt sich genau berechnen, daß bei aufwendigen Begräbnissen viele Güter begraben würden und bei langer Trauerzeit die Leute davon abgehalten würden, ihren Pflichten nachzukommen. Güter, die bereits fertiggestellt sind, würden mit begraben, und späterer Erwerb würde zu lange behindert. Wenn man auf diese Weise Wohlstand im Staate zu erlangen sucht, so ist das, als ob man die Bestellung der Felder verböte und doch eine Ernte erwartete. Auf diese Weise läßt sich niemals Wohlstand erlangen. Wenn man bestrebt ist, die Familie zu bereichern, dann läßt es sich auch nicht auf diese Weise machen; und will man die Bevölkerung vermehren, läßt sich das auf diese Weise erreichen? Sicherlich ebenfalls nicht.

Wenn heute einer aufwendige Begräbnisse und lange Trauerzeiten zur Regierungspolitik macht, dann wird bei dem Tode eines Fürsten drei Jahre, bei dem Tod der Eltern drei Jahre und bei dem Tod von Frau und Kindern ebenfalls drei Jahre lang getrauert. Um den älteren und jüngeren Bruder des Vaters und den eigenen älteren und jüngeren Bruder sowie um jüngere Söhne trauert man ein Jahr, fünf Monate um andere nahe Verwandte und einige Monate um Tanten, Schwestern und Cousinen mütterlicherseits. Außerdem gibt es Vorschriften, wie man seine Trauer zum Ausdruck zu bringen hat.[49] Wenn alle diese Vorschriften befolgt werden, dann müssen die Leute hungern und sich auch sonst einschränken, und die Bevölkerung wird im Winter die Kälte und im Sommer die Hitze nicht ertragen können, und zahllos werden diejenigen sein, die erkranken und sterben. Sehr häufig wird dadurch auch die Beziehung zwischen Männern und Frauen unterbrochen. Wenn einer dadurch die Vermehrung der Bevölkerung zu erreichen sucht, dann ist das so, als ließe man einen Menschen sich ins Schwert stürzen und wünschte ihm dabei ein langes Leben! Die Vermehrung der Bevölkerung kann auf diese Weise jedenfalls nicht erreicht werden, und der Wunsch, die Bevölkerung zu vermehren, muß dann aufgegeben werden.

Wird man die Rechtspflege und Verwaltung bei aufwendigen Begräbnissen und langen Trauerzeiten in Ordnung halten können? – Die Antwort lautet hier: Keineswegs! Wenn man jetzt aufwendige Begräbnisse und lange Trauerzeiten zur herrschenden Praxis macht, dann wird der Staat sicherlich verarmen, die Bevölkerung wird sich verringern und Rechtspflege und Verwaltung werden in Unordnung geraten. Wenn man diesen Vorschriften folgt und die Oberen danach handeln, werden sie nicht in der Lage sein, sich um die Regierungsgeschäfte zu kümmern. Wenn die Unteren danach handeln, dann werden sie nicht in der Lage sein, ihren Pflichten nachzukommen. Wenn die Oberen sich nicht um die Regierung kümmern können, dann werden Rechtspflege und Verwaltung völlig in Unordnung geraten, und wenn die Unteren ihren Pflichten nicht nachkommen, dann werden Kleider und Nahrung sicherlich nicht ausreichen. So wird der jüngere seinen älteren Bruder um Kleidung und Essen bitten, sie aber nicht erhalten, und er wird sich nicht wie ein jüngerer Bruder verhalten, sondern seinem älteren Bruder zürnen. Auch wird ein Sohn seinen Vater um Hilfe angehen, aber nichts erhalten, und so wird er pietätlos werden und seinen Vater hassen. Und auch die Beamten werden bei ihrem Fürsten nachsuchen, aber nichts erhalten und nicht mehr loyal sein und sich gegen ihre Oberen auflehnen. Dann werden schlechte und sittenlose Leute, die zum Ausgehen keine Kleider und in ihren Wohnungen kein Essen haben, gepeinigt von Scham, Böses tun und Gewalt üben, ohne daß man sie davon abhalten könnte. Infolgedessen wird sich die Zahl der Diebe und Räuber vermehren und die der Anständigen sich vermindern. Wenn sich die Zahl der Diebe und Räuber vermehrt und die der Anständigen geringer wird, dann ist jedes Bemühen um geordnete Verhältnisse so, als wolle man, daß jemand sich dreimal umdrehe, ohne einem dabei auch nur einmal den Rücken zu kehren.

Ordnung läßt sich jedenfalls auf diese Weise nicht erreichen, und geordnete Rechtspflege und Verwaltung ist dann ebenfalls nicht durchzusetzen. Wenn man hofft, die großen Staaten davon abzuhalten, die Kleinen anzugreifen, sind dann aufwendige Begräbnisse und lange Trauerzeiten von Nutzen? Sicherlich nicht! Nun, da die vorbildlichen Könige des Altertums nicht mehr sind und die Welt ihre

Grundsätze aufgegeben hat, bekämpfen sich die Lehnsfürsten untereinander. Im Süden sind es die Könige von Ch'u und Yüeh und im Norden die Fürsten von Ch'i und Chin, die ihre Soldaten ausbilden und drillen, um ihre Nachbarn anzugreifen und die Herrschaft über das Reich zu erlangen. Das Einzige, was einen großen Staat davon abhalten kann, einen kleineren Staat anzugreifen, ist dessen reichliche Waffenausstattung, ein großer Vorrat an Versorgungsgütern, ein guter Zustand der Mauern und Wälle, harmonische Eintracht zwischen Oberen und Unteren. In einem solchen Fall wird es einen großen Staat nicht danach gelüsten, den kleineren anzugreifen. Doch hat ein kleinerer Staat nicht diese Vorräte und Waffen, sind die Mauern und Wälle nicht in gutem Zustand, und herrscht Zwietracht zwischen den Regierenden und dem Volk, dann treibt es die großen Staaten dazu, ihn anzugreifen.

Wenn heute pompöse Begräbnisse und lange Trauerzeiten zur Regel werden, dann wird der Staat sicher verarmen, die Bevölkerung sich verringern, und Rechtspflege und Verwaltung werden in Unordnung geraten. Im Falle einer Verarmung lassen sich aber keine Vorräte mehr anschaffen, und im Falle einer Bevölkerungsverminderung sind auch Mauern, Wälle und Gräben von minderer Qualität. Bei Unruhen können die Truppen auch nicht bei einer einzigen Feldschlacht siegreich sein und sich selbst im Inneren nicht verteidigen.

Will man die großen Staaten davon abbringen, die kleinen anzugreifen, dann ist dies sicher nicht der Weg. Wünscht man von den Göttern und Geistern Glück zu erlangen, ist dies dann ein Weg? Auch davon kann keine Rede sein!

Wenn man heutzutage aufwendige Begräbnisse und lange Trauerzeiten bei der Verwaltung zur Regel macht, dann wird der Staat verarmen, die Bevölkerung abnehmen, und Rechtsprechung und Verwaltung werden in Unordnung geraten. Und wenn das Volk veramt, dann sind der Reis in den Opfergefäßen und Wein und Most nicht rein, und wenn die Bevölkerung abnimmt, dann gibt es nicht genügend Leute, die Shang-ti und den Geistern dienen. Wenn Unordnung herrscht, dann werden die Opfer nicht zur rechten Zeit und nicht in der richtigen Weise dargebracht. Wenn man heutzutage die Regierung so führt, daß man die Dienste gegenüber Shang-ti und den Geistern verhindert, dann werden Shang-ti und die Geister von oben einschreiten. Sie werden sich fragen: »Ist es besser für uns, daß diese Leute existieren oder daß sie nicht existieren?« Und sie werden sagen: »Ob es diese Menschen gibt oder nicht gibt, macht für uns keinen Unterschied.« Dann werden Shang-ti und die Geister Strafen herabsenden, diesen Leuten Unglück bringen, sie züchtigen und verwerfen. Haben sie nicht auch guten Grund dazu?

Daher erließen die heiligen Könige im Altertum eine Vorschrift für Begräbnisse folgenden Inhalts: »Ein Sarg von drei Zoll Stärke genügt für den verwesenden Körper; drei Leichentücher genügen, den modernden Leichnam zu umhüllen. Und das Grab soll nicht bis zum Grundwasser gehen, und es soll von der Oberfläche so weit entfernt sein, daß die Gerüche nicht austreten können. Ein Grabhügel von drei Fuß Höhe soll genügen. Damit soll genug getan sein. Nach dem Begräbnis sollen die Lebenden nicht lange weinen und trauern, sondern ihren Geschäften nachgehen und das tun, wovon sie etwas verstehen, und sie sollen sich gegenseitig nützen.« Dies waren die Regeln der heiligen Könige.

Heute sagen nun die, die an einem großartigen Begräbnis und an einer langen Trauerzeit festhalten: »Wenn auch großartige Begräbnisse und lange Trauer nicht die Armen reich machen, nicht die Bevölkerung vermehren, nicht Gefahren abwehren oder Unruhen beseitigen können, so wurden sie doch von den heiligen Königen gepflegt.« Meister Mo Ti sagte: Das ist nicht wahr! Als Yao im Altertum die acht Stämme der Ti-Barbaren im Norden unterweisen wollte, starb er auf seinem Wege dothin und wurde im Schatten des Berges Kung begraben. Man gab ihm drei Leichentücher und einen Sarg aus dem Holz des Papiermaulbeerbaumes, den man mit Bast umschnürte. Und nachdem der Sarg hinabgesenkt war, weinte man und füllte das Grab, ohne jedoch einen Hügel darauf zu häufen, und nach der Beerdigung liefen die Ochsen und Pferd darüber hin.

Als Shun nach Westen ging, um die sieben Stämme der Jung-Barbaren zu belehren, starb er auf dem Wege und wurde auf dem Marktplatz von Nan-chi bestattet. Auch sein Leichnam wurde in drei Tücher gehüllt, und sein Sarg bestand aus Papiermaulbeerbaumholz und wurde mit Bast zugebunden. Und nachdem er beerdigt war, liefen die Leute der Stadt über das Grab hinweg.

Als Yü nach Westen ging, um die neun Stämme der I-Barbaren zu unterweisen, starb er unterwegs und wurde bei dem K'uai-chi Berg bestattet. Drei Tücher schlug man um seinen Leichnam. Sein Sarg aus T'ung-Holz, den man mit Bast umschnürte, war drei Zoll stark. Man umband ihn

auch nicht vollständig und versenkte ihn nicht sehr tief. Das Grab ging nicht bis auf das Grundwasser, doch ließ es nach oben auch nicht die Gerüche durch. Und als er begraben war, häufte man die übrige Erde auf und machte einen Grabhügel von drei Fuß Höhe, das genügte.
Wenn man die Fälle dieser drei vorbildlichen Könige betrachtet, so waren aufwendige Begräbnisse und lange Trauerzeiten sicher nicht nach ihrem Sinne. Daher standen diese drei Könige auch im Range eines Himmelssohnes und verfügten über das ganze Reich. Es war keineswegs, weil sie bloß um die Aufwendungen besorgt gewesen wären, daß sie solch eine einfache Begräbnisform wählten.
Doch die heutigen Könige, Fürsten und großen Herren lassen ganz andere Begräbnisriten vollziehen. Es muß ein äußerer und ein innerer Sarg sein, der mit drei Lagen bestickter Häute ausgelegt ist. Außerdem fordern sie Jade und Juwelen, Lanzen, Schwerter, Dreifüße, Trommeln, Schalen und Krüge, Stickereien, Seide, prächtiges Zaumzeug, Wagen, Pferde, Dienerinnen und Musikanten, und auch sollen Wege und Zufahrten aus verschiedenen Richtungen zu dem Grabmahl führen, und es soll ein Hügel wie ein Berg aufgerichtet werden. Dies behindert die Leute bei ihren alltäglichen Arbeiten und vergeudet ihre Mittel in übergroßem Maße. Dies ist die Nutzlosigkeit solch aufwendiger Begräbnisse.
Daher sagte Meister Mo Ti: Ich habe bereits gesagt: wenn man bei Befolgung der Vorschläge und Durchführung der Pläne jener, die pompöse Begräbnisse und lange Trauerzeiten befürworten, tatsächlich die Armen reich machen, die Bevölkerung mehren, Gefahren abwenden und Unord-

nung beseitigen kann, dann sind diese menschlich und gerecht und eine Pflicht für den pietätvollen Sohn, dann müssen die Berater sie unbedingt empfehlen. Wenn man aber durch Befolgen der Vorschläge und Durchführen der Pläne jener, die pomphafte Begräbnisse und lange Trauerzeiten befürworten, nicht in der Lage ist, die Armen zu bereichern, die Bevölkerung zu mehren, Gefahren abzuwenden und Unruhen beizulegen, dann sind diese nicht in Übereinstimmung mit Menschlichkeit und Gerechtigkeit und nicht die Pflicht des pietätvollen Sohnes, und die Berater müssen sie verhindern. Denn würde man auf solche Weise den Nutzen des Reiches zu mehren suchen, wäre nur noch größere Armut die Folge, und wollte man auf diese Weise die Bevölkerung vermehren, würde sie sich schließlich noch weiter verringern. Würde man die Regierung im Staate damit ordnen wollen, würde man nur noch größere Unordnung stiften, und wollte man damit den Angriff großer Staaten auf kleinere verhindern, hätte man keinen Erfolg. Strebte man dadurch nach der Gunst Shang-tis und der Geister, so würde man doch nur Unheil erlangen. Wenn wir den Weg von Yao, Shun, Yü, T'ang, Wen und Wu untersuchen, so verhielten sie sich gerade entgegengesetzt zu solchen Praktiken. Wenn man dagegen die Handlungsweise von Chieh, Chou, Yu und Li untersucht, so ist sie mit solchen Praktiken völlig in Übereinstimmung.[50] Unter diesem Gesichtspunkt widersprechen prunkvolle Begräbnisse und lange Trauerzeit den Prinzipien der vorbildlichen Könige. Solche, die heute an pompösen Begräbnissen und langer Trauerzeit festhalten, sagen: »Pompöse Begräbnisse und lange Trauerzeiten mögen den Lehren der vorbildlichen

Könige tatsächlich nicht entsprechen, doch warum praktizieren sie die Edlen Chinas weiterhin und geben sie nicht auf? Warum pflegen sie sie und nehmen keinen Anstoß daran?«
Meister Mo Ti sagte, darauf könne man antworten: »Weil sie Erlerntes für angenehm und Sitten für gerecht halten«. In alter Zeit lebten östlich von Yüeh die Leute des Staates von Chen-mu. Wenn ihr erster Sohn geboren war, dann zerstückelten und verspeisten sie ihn und sagten, dies sei vorteilhaft für den nächsten Sohn. Und wenn ihre Großväter gestorben waren, dann nahmen sie ihre Großmütter auf den Rücken und setzten sie aus mit den Worten: »Mit dem Weibe eines Geistes kann man nicht in einem Hause leben.« Die Oberen betrachteten dies als Regierungsgrundsatz und die Unteren hielten dies für die Sitte, die sie ausübten und niemals aufgaben, die sie praktizierten, ohne daran Anstoß zu nehmen. Doch war dies etwa in Übereinstimmung mit dem Prinzip von Menschlichkeit und Gerechtigkeit? Dies nennt man »Erlerntes für angenehm und Sitten für gerecht halten«.
Südlich von Ch'u lag das Land der Leute von Yen. Wenn ihre Eltern starben, entfernten sie das Fleisch und warfen es weg und begruben dann die Knochen. Und sie waren der Ansicht, damit die Pflicht eines pietätvollen Sohnes zu erfüllen.[51]
Westlich von Ch'in lebten die Leute des Landes von I-ch'ü. Wenn ihre Eltern starben, sammelten sie Reisig zusammen und verbrannten sie. Wenn der Qualm emporstieg, sagten sie: »Er steigt in die Weite empor.« Und damit hielten sie die Pflichten eines pietätvollen Sohnes für erfüllt. Die

Oberen hielt dies für einen Regierungsgrundsatz und die Unteren akzeptierten es als Sitte, die sie ausübten und niemals aufgaben, die sie praktizierten, ohne Anstoß daran zu nehmen. Doch ist dies wirklich in Übereinstimmung mit dem Prinzip von Menschlichkeit und Gerechtigkeit? Auch dies ist, was mit dem Satz »Erlerntes für angenehm und die Sitten für gerecht halten« gemeint ist.
Wenn wir diese drei Staaten betrachten, so waren sie zu gefühllos; betrachten wir hingegen die Handlungsweisen der Edlen Chinas, so sind sie zu aufwendig. Diese sind zu großartig, und die anderen waren zu gleichgültig. Doch für Begräbnisse gibt es ein bestimmtes Maß. Zwar sind durchaus Nahrung und Kleidung von Nutzen für die Lebenden, doch auch bei ihnen soll man maßhalten. Und wenn auch Begräbnisse und Trauer von Nutzen für die Verstorbenen sind, warum sollte man allein in diesem Falle keine Mäßigung üben?
Meister Mo Ti stellte folgende Vorschriften für Begräbnisse und Beerdigungen auf: Ein drei Zoll starker Sarg genügt, die verrottenden Knochen zu beherbergen. Drei Leichentücher genügen für das vermodernde Fleisch. Das Grab soll nicht so tief sein, daß sich Wasser auf dem Boden sammelt, noch soll es so flach sein, daß die Gase an die Oberfläche treten können. Und ein Hügel zur Bezeichnung des Platzes genügt. Damit soll es sein Bewenden haben. Auf ihrem Gang zum Begräbnis und bei der Rückkehr mögen die Leute heulen, doch zurückgekehrt sollen sie sich ihren Geschäften widmen, für Kleidung und Nahrung sorgen und die Opfer ausführen, um den Pietätspflichten gegenüber ihren Vorfahren zu genügen. So vernachlässigen die Regeln

des Meister Mo Ti weder den Vorteil der Toten noch den der Lebenden.

Daher sagte Meister Mo Ti: Wenn heute die Beamten und Edlen des Reiches ernsthaft Menschlichkeit und Gerechtigkeit üben und zu überragenden Männern werden wollen, wenn sie in Übereinstimmung mit den Grundsätzen der heiligen Könige und zum Nutzen des Volkes im Lande wirken wollen, dann müssen sie die Beschränkungen in den Trauerangelegenheiten zum Regierungsprinzip machen. Sie sollten nicht versäumen, dies ernsthaft zu überdenken.

DER WILLE DES HIMMELS I

Meister Mo Ti sagte: Heutzutage verstehen sich die Beamten und Edlen im Reiche auf das Kleine, doch auf das Große verstehen sie sich nicht. Woher wissen wir das? Wir erkennen es daran, wie sie sich zu Hause betragen. Wenn sich jemand in seiner Familie gegen das Familienoberhaupt vergeht, dann kann er noch weglaufen und zu einer Nachbarfamilie fliehen. Und doch werden ihn seine Eltern und Brüder, wenn sie davon erfahren, alle gemeinsam ermahnen und sagen: »Du mußt Dich unter allen Umständen hüten und in acht nehmen. Denn wie kann man in einer Familie leben und sich gegen das Familienoberhaupt vergehen; wie soll das angehen?«

Dies gilt nicht nur für jemanden, der in der Familie lebt, sondern für einen, der in einem Staate lebt, gilt es ebenso.

Der Angehörige eines Staates mag sich an dem Staatsoberhaupt vergehen, und dann mag er noch Zuflucht in einem Nachbarstaate finden. Doch wenn seine Eltern und Brüder davon erfahren, werden sie ihn alle ermahnen und sagen: »Du mußt Dich unter allen Umständen hüten und in acht nehmen. Wie kannst Du dich als Staatsbürger gegenüber dem Fürsten des Staates vergehen; wie geht das an?«

Wenn jemand, der noch eine Zuflucht findet, bereits von den Leuten so eindringlich gewarnt wird, um wieviel mehr muß man dann einen warnen, der keine Zuflucht mehr findet! Es gibt ein Sprichwort, das lautet: »Wenn Du ein Verbrechen hier im hellsten Sonnenlicht begehst, wo sollst Du dann noch Zuflucht nehmen?« Es gibt dann keine Zuflucht mehr! Vor dem Himmel gibt es keinen Wald, kein Tal, keine noch so dunklen, verborgenen menschenleeren Plätze, sondern sein Licht sieht alles. Doch wenn die Gelehrten und Edlen des Reiches sich gegenüber dem Himmel vergehen, dann wissen sie aufeinmal nicht, sich gegenseitig zu warnen und zu mahnen. Daher weiß ich, daß die Gelehrten und Edlen im Reiche das Kleine kennen, daß Große aber nicht kennen.

Doch was wünscht der Himmel, und was haßt er? Der Himmel wünscht Gerechtigkeit und haßt Unrecht. Wenn ich also die Bevölkerung des Reiches zur Gerechtigkeit anleite, dann tue ich, was der Himmel wünscht. Und wenn ich tue, was der Himmel wünscht, dann wird der Himmel tun, was ich wünsche. Doch was wünsche und was hasse ich? Ich wünsche Glück und Wohlstand und hasse Unglück und Verderben. Wenn ich nun nicht tue, was der Himmel wünscht, sondern das, was der Himmel nicht wünscht, dann führe ich die Bevölkerung des Reiches in Unglück und Verderben.

Doch woher weiß ich, daß der Himmel Gerechtigkeit wünscht und Unrecht haßt? Wo es Gerechtigkeit in der Welt gibt, da ist Leben, und wo es Ungerechtigkeit gibt, da ist Tod. Wo es Gerechtigkeit gibt, da ist Reichtum, und wo es Unrechtigkeit gibt, da ist Armut. Wo Gerechtigkeit ist, da ist Ordnung, und wo Ungerechtigkeit ist, da ist Unordnung. Der Himmel wünscht Leben und haßt Tod, er wünscht Wohlstand und haßt Armut, er wünscht Ordnung und haßt Unordnung. Daher weiß ich, daß der Himmel Gerechtigkeit liebt und Ungerechtigkeit haßt.

Darüberhinaus ist gerecht, was richtig ist.[52] Nicht die Untergebenen entscheiden, was richtig für die Oberen ist, sondern die Oberen entscheiden, was richtig für die Untergebenen ist. Die Einfachen gehen mit aller Kraft ihren Geschäften nach, aber sie können nicht selbstherrlich entscheiden, was richtig ist. Beamte tun dies für sie. Die Beamten widmen sich mit all ihrer Kraft ihren Aufgaben, doch dürfen sie nicht eigenmächtig entscheiden, was richtig ist. Es gibt hohe Beamte, die das für sie tun. Und auch diese bemühen sich mit all ihrer Kraft um ihre Aufgaben, doch sie dürfen nicht selbst entscheiden, was richtig ist; dies tun die drei Minister und die Lehnsfürsten für sie. Diese wiederum widmen sich mit all ihrer Kraft den Regierungsgeschäften, doch sie dürfen nicht selbst entscheiden, was richtig ist. Dies tut der Himmelssohn für sie. Doch auch der darf nicht entscheiden, was richtig ist, sondern der Himmel tut dies für ihn. Daß der Himmelssohn für die drei Minister, die Lehnsfürsten, die Beamten und das gemeine Volk entscheidet, was richtig ist, das verstehen die Beamten und Edlen des Reiches bestimmt, doch daß der Himmel entscheidet, was richtig für den Himmelssohn ist, das versteht die Bevölkerung des Reiches nicht. Daher wollten auch die heiligen Könige der drei Dynastien des Altertums, Yü, T'ang, Wen und Wu, dem Volke des Reiches deutlich machen, daß der Himmel entscheidet, was richtig für den Himmelssohn ist. Sie zogen daher alle Rinder und Schafe auf, mästeten Hunde und Schweine, füllten in tadelloser Reinheit Schalen mit Hirse, Wein und Most, um Shang-ti und den Geistern zu opfern, und erbaten Segen und Glück vom Himmel. Ich habe indes noch niemals gehört, daß der Himmel vom Himmelssohn Segen und Glück erheischt. Daher weiß ich, daß der Himmel entscheidet, was richtig für den Himmelssohn ist.

Der Himmelssohn ist der Vornehmste und Reichste in der Welt. Wünscht einer also Reichtum und Vornehmheit, dann muß er sich unbedingt der Ansicht des Himmel fügen; und wenn er sich den Ansichten des Himmels fügt, alle Menschen liebt und ihnen nützt, dann wird er auch Belohnung erhalten. Doch wenn er sich der Ansicht des Himmels widersetzt und in Parteilichkeit *(pieh)* andere haßt und sie schädigt, dann wird er sicherlich bestraft werden. Wer entsprach dem Willen des Himmels und erlangte Belohnung, und wer handelte dem Willen des Himmels zuwider und wurde bestraft?

Meister Mo Ti sagte: Die heiligen Könige der drei Dynastien des Altertums, Yü, T'ang, Wen und Wu, fügten sich dem Willen des Himmels und wurden belohnt, und die schlechten Könige dieser drei Dynastien, Chieh, Chou, Yu und Li, handelten dem Willen des Himmels zuwider und wurden bestraft.

Wie wurden Yü, T'ang, Wen und Wu belohnt? – Meister Mo Ti sagte: Oben dienten sie dem verehrungswürdigen Himmel, im mittleren Bereich dienten sie den Geistern und Dämonen und unten liebten sie die Menschen. Daher sagte der Wille des Himmels: »Diese lieben alle, die auch ich liebe, und sie nützen allen, denen auch ich nütze. Ihre Liebe zu den Menschen ist allumfassend, und ihr Nutzen für die Menschen ist groß.« Daher ehrte der Himmel sie als Himmelssöhne und eignete ihnen das Reich zu; sie hatten zehntausend Generationen von Nachkommen, und ihre Güte wurde im ganzen Reiche gepriesen. Bis zum heutigen Tage nennt man sie rühmend die »heiligen Könige«.

Und wie kamen Chieh, Chou, Yu und Li zu ihrer Strafe? – Meister Mo Ti sagte: Im oberen Bereich verhöhnten sie den Himmel, im mittleren Bereich schmähten sie die Geister und im unteren Bereich schädigten sie die Menschen. Daher sagte der Wille des Himmels: »Die ich liebe, diskriminieren und hassen jene; denen ich nützen möchte, die schädigen sie. Sie hassen die Menschen überall und schädigen sie in großem Maße.« Daher ließ sie der Himmel früh sterben, und sie hatten keine Nachkommen, und bis zum heutigen Tage verurteilt man sie und nennt sie die »schlechten Könige«.[53]

Doch woher wissen wir, daß der Himmel die Menschen in der Welt liebt? Daher, daß er sie alle erleuchtet. Und woher wissen wir, daß er sie alle erleuchtet? Daher, daß er sie alle besitzt. Woher wissen wir aber, daß er sie alle besitzt? Daher, daß er von ihnen allen Opfer entgegennimmt. Woher wissen wir, daß er von ihnen allen Opfer entgegennimmt? Innerhalb der vier Meere gibt es unter den Menschen, die sich von Getreide ernähren⁵⁴, keinen, der nicht Rinder und Schafe züchtet, Hunde und Schweine mästet und reines Geteide und klaren Wein und Most in Opfergefäße füllt, um sie Shang-ti und den Geistern als Opfer darzubringen. Der Himmel besitzt alle Städte und Menschen, warum sollte er sie da nicht lieben?

Ferner sage ich: Wer einen unschuldigen Menschen tötet, dem wird sicher ein Unheil widerfahren. Wer ist es aber, der einen unschuldigen Menschen tötet? – Ein Mensch. Und wer ist es, der Unheil herabsendet? – Der Himmel. Wenn der Himmel nicht die Bevölkerung des Reiches lieben würde, welchen Grund gäbe es dann für den Himmel, wenn Menschen einander töten, Unheil herabzusenden? Daher weiß ich, daß der Himmel die Bevölkerung des Reiches liebt. Einer, der sich dem Willen des Himmels unterordnet, der wird die Gerechtigkeit als richtig anerkennen. Derjenige jedoch, der dem Willen des Himmels zuwiderhandelt, wird die Gewalt für richtig halten. Doch was bedeutet es, Gerechtigkeit für richtig zu halten?

Meister Mo Ti sagte: Wenn einer in einem großen Staate lebt und kleinere Staaten nicht angreift, wenn einer in einer großen Familie lebt und nicht auf kleinere Familien übergreift, wenn er stark ist und schwache nicht unterdrückt, wenn er als Vornehmer gegenüber den Geringen nicht hochmütig ist und als Kluger die Einfältigen nicht betrügt, dann wird er oben dem Himmel, in dem mittleren Bereich den Geistern und unten den Menschen nützen. Da er in allen diesen drei Weisen nützt, wird ihm der klingendste Titel im Reiche gegeben, und er wird als »vorbildlicher König« bezeichnet. – Doch einer, der Gewalt für richtig hält, ist von diesem verschieden. In seinen Worten widerspricht er diesem und in seiner Handlungsweise verhält er sich zu diesem entgegengesetzt, so als ob sie in entgegengesetzte Richtungen eilten. Wenn er in einem großen Staate lebt, wird er kleinere Staaten angreifen, wenn er in einer großen Familie lebt, wird auf kleine Familien übergreifen, wenn er stark ist, wird er die Schwachen unterdrücken, als Vornehmer wird er die Einfachen verhöhnen und als Kluger wird er die Dummen übervorteilen. Er wird oben nicht dem Himmel, im mittleren Bereich nicht den Geistern und unten nicht den Menschen nützen. Weil er nichts zu diesen drei Arten des Nützens beiträgt, wird er den schlechtesten Namen im Reiche erhalten, und man wird ihn einen »schlechten König« nennen.

Der Wille des Himmels ist für mich, was der Zirkel für den Radmacher und das Winkelmaß für den Tischler ist. Überall im Reiche benutzen der Radmacher und der Tischler ihren Zirkel und ihr Winkelmaß, um zu messen, was rechteckig und was rund ist. Und sie sagen: »Was stimmt, ist richtig, was nicht stimmt, ist falsch.« – Heutzutage sind die Schriften der Gelehrten und Edlen des Reiches so zahlreich, daß man sie nicht aufführen kann, und ihre Aussprüche so zahlreich, daß man sie nicht erschöpfend behandeln kann. Bei den oberen Kreisen wenden sie sich an die Fürsten, bei den niedrigeren wenden sie sich an die Beamten, doch von Menschlichkeit und Gerechtigkeit sind sie weit entfernt. Woher weiß ich das? Ich messe sie an dem klarsten Maßstab der Welt.

DER WILLE DES HIMMELS II

Meister Mo Ti sagte: Wenn sich heute die Edlen des Reiches menschlich und rechtschaffen verhalten wollen, dann müssen sie unbedingt prüfen, woher die Gerechtigkeit kommt. Wenn sie unbedingt den Ursprung der Gerechtigkeit untersuchen müssen, was ist dann der Ursprung der Gerechtigkeit?

Meister Mo Ti sagte: Die Gerechtigkeit hat ihren Ursprung nicht bei dem Törichten und Niedrigen, sondern bei dem Vornehmen und Weisen. Woher weiß ich, daß die Gerechtigkeit nicht ihren Ausgang von dem Törichten und Niedrigen, sondern von dem Vornehmen und Weisen nimmt? – Gerechtigkeit bedeutet, richtig zu handeln. Und woher weiß ich, daß Gerechtigkeit richtig zu handeln bedeutet? – Wenn Gerechtigkeit im Reiche herrscht, dann ist es wohl geordnet, wenn aber Unrecht herrscht, dann ist es in Unordnung. Daher weiß ich, daß Gerechtigkeit richtig zu handeln bedeutet. – Der Törichte und Niedrige kann nicht entscheiden, was richtig für den Vornehmen und Weisen ist. Doch der Vornehme und Weise kann für den Törichten und Niedrigen entscheiden, was richtig ist. Daher weiß ich, daß Gerechtigkeit ihren Ausgang nicht von dem Törichten und Niedrigen, sondern von dem Vornehmen und Weisen nimmt.

Doch wer ist vornehm und wer ist weise? – Nur der Himmel ist vornehm und nur der Himmel ist weise! Daher nimmt Gerechtigkeit ihren eigentlichen Ausgang vom Himmel.

Nun sagen die Leute in der Welt: »Es ist vollkommen klar, daß der Himmelssohn edler ist als die Fürsten, und daß diese wiederum edler sind als die hohen Würdenträger. Doch ist uns nicht einsichtig, daß der Himmel vornehmer und weiser als der Himmelssohn sein soll.«
Meister Mo Ti sagte: Ich habe Gründe für meine Einsicht, daß der Himmel vornehmer und weiser als der Himmelssohn ist. Wenn der Himmelssohn etwas Gutes tut, dann kann ihn der Himmel belohnen, und wenn er etwas Schlechtes tut, kann ihn der Himmel bestrafen. Hat der Himmelssohn unter Krankheit und Unheil zu leiden, dann muß er fasten und sich reinigen und reinen Wein und Most und Schalen mit Hirse dem Himmel und den Geistern als Opfer darbringen, damit der Himmel ihn davon befreien kann. Doch ich habe noch nie gehört, daß der Himmel Segen und Glück vom Himmelssohn erbeten hätte. Daher ist mir klar, daß der Himmel vornehmer und weiser als der Himmelssohn ist. Doch nicht nur das. Auch aus einem Buch der früheren Könige, das den klaren und unerforschlichen Weg des Himmels dargelegt, weiß ich es. Dort heißt es:
»Erleuchtet und weise ist allein der Himmel,
Von oben herab regiert er unten die Welt!«[55]
Dies besagt doch, daß der Himmel vornehmer und weiser als der Himmelssohn ist. Allerdings weiß ich nicht, ob es nicht noch etwas vornehmeres und weiseres als den Himmel gibt. Doch ich habe gesagt: Nur der Himmel ist vornehm und nur der Himmel ist weise! Daher hat Gerechtigkeit ihren eigentlichen Ursprung im Himmel.
Meister Mo Ti sagte: Wenn die Edlen des Reiches heute wirklich den Weg *(tao)* verehren, dem Volke nützen und

die Wurzel von Menschlichkeit und Gerechtigkeit erforschen wollen, dann kommen sie nicht umhin, dem Willen des Himmels zu folgen.

Wenn man sich nun dem Willen des Himmels unbedingt unterwerfen soll, dann ist die Frage, was der Himmel wünscht und was er haßt.

Meister Mo Ti sagte: Der Himmel wünscht nicht, daß große Staaten kleine angreifen, daß große Familien bei kleinen Verwirrung stiften, daß die Starken den Minderheiten übel mitspielen, daß die Schlauen die Dummen überlisten und die Vornehmen die Geringen verachten. Das ist es, was der Himmel nicht wünscht. Doch damit nicht genug! Er will, daß die Kräftigen ihre Mitmenschen unterstützen, die Gebildeten ihre Mitmenschen belehren und die Begüterten mit ihren Mitmenschen teilen. Auch will er, daß die Oberen sich ganz für die Regierung und die Unteren sich mit ihrer ganzen Kraft bei ihren Aufgaben einsetzen. Wenn sich die Oberen ganz für die Regierung einsetzen, dann ist der Staat wohlgeordnet, und wenn die Unteren mit ihrer ganzen Kraft ihren Pflichten nachkommen, dann werden Güter und Mittel ausreichen. Wenn der Staat wohlgeordnet ist und die Güter ausreichen, dann kann man innen dem Himmel und den Geistern reine Wein- und Hirseopfer darbringen und sich nach außen hin durch Ringe und Nephrite, Perlen und Jade die Nachbarstaaten verpflichten. Und wenn der Staat nicht das Aufkommen von Verstimmung bei den Fürsten oder kriegerische Auseinandersetzungen an den Grenzen befürchten muß, dann kann man im Inneren die Hungrigen ernähren, den Erschöpften Ruhe gewähren und die ganze Bevölkerung versorgen und

ernähren. Dann werden die Fürsten und die Oberen großmütig und die Minister und Untertanen loyal sein, und zwischen Vätern und Söhnen, älteren und jüngeren Brüdern wird Hochherzigkeit und Pietät herrschen. Wenn man also nur versteht, den Wünschen des Himmels zu entsprechen, und dies über das ganze Reich ausbreitet, dann wird die Regierung wohlgeordnet und die ganze Bevölkerung einträchtig sein; dann wird der Staat reich sein, und die Güter werden ausreichen. Jedermann wird warme Kleidung und genügend zu essen haben und sorglos, angenehm und beschaulich leben. Daher sagte Meister Mo Ti: Wenn die Edlen des Reiches heute wirklich den Weg verehren, dem Volke nützen und die Grundlage von Menschlichkeit und Gerechtigkeit erforschen wollen, dann kommen sie nicht umhin, den Willen des Himmels zu befolgen.
Wie sich der Himmel gegenüber dem, was unter dem Himmel ist, verhält, genauso regiert ein Landesherr oder ein Fürst über das, was innerhalb der Grenzen seines Gebietes ist. Wenn heute ein Landesherr oder ein Fürst über sein Gebiet regiert, wünscht er da etwa, daß sich seine Untertanen nicht gegenseitig nützen? Wenn heute einer, der in einem großen Staate wohnt und einen kleinen angreift, oder einer, der in einer großen Familie lebt und eine kleine in Unordnung stürzt, dadurch Belohnung und Lob zu erlangen hofft, so wird er damit keinen Erfolg haben, sondern er wird im Gegenteil bestraft werden. Wie sich der Himmel gegenüber dem, was unter dem Himmel ist, verhält, das ist davon nicht verschieden. Wenn jetzt ein großer Staat einen kleineren angreift oder eine große Stadt über eine kleinere herfällt, und wenn sie dadurch Glück und Be-

lohnung vom Himmel erstreben, dann werden ihnen diese nicht zuteil, sondern Unheil und Verderben wird sie ereilen.

Wenn man also nicht tut, was der Himmel wünscht, sondern tut, was der Himmel nicht wünscht, dann wird auch der Himmel nicht das tun, was man wünscht, sondern das, was man nicht wünscht. Und was wünscht der Mensch nicht? Krankheit, Unheil und Verderben! Wenn man also nicht tut, was der Himmel wünscht, sondern das, was er nicht wünscht, dann verleitet man die Menschen des Reiches dazu, sich ins Unglück zu stürzen.

Im Altertum wußten die heiligen Könige sehr wohl, was Himmel und Geister segneten, und sie vermieden, was Himmel und Geister haßten. So suchten sie den Nutzen für das Reich zu mehren und Schaden von ihm abzuwenden. Daher sandte auch der Himmel Kälte und Hitze entsprechend den vier Jahreszeiten, hielt Yin und Yang im Gleichgewicht, und Regen und Tau fielen zur rechten Zeit. So konnten die fünf Feldfrüchte reifen, die sechs Haustiere[56] gedeihen, und Krankheiten, Katastrophen, Unglücksfälle, Seuchen, Mißernten und Hungersnot traten nicht ein. Daher sagte Meister Mo Ti: Wenn die Edlen des Reiches heute wirklich den Weg verehren, dem Volke nützen und die Wurzel von Menschlichkeit und Gerechtigkeit ausfindig machen wollen, dann kommen sie nicht umhin, sich dem Willen des Himmels unterzuordnen.

Auch gibt es in der Welt Unmenschliche und Unglückselige. Wenn etwa ein Sohn nicht seinem Vater, ein jüngerer nicht seinem älteren Bruder oder ein Untertan nicht seinem Fürsten dient, dann bezeichnen ihn die Edlen des Reiches als unglückselig. Nun liebt der Himmel die ganze Welt und sucht allen Wesen zu nützen. Man könnte dem widersprechen, wenn sich auch nur etwas von der Geringfügigkeit einer Haarspitze fände, das den Menschen nützlich und nicht das Werk des Himmels wäre. Allein, sie danken es dem Himmel nicht, und sie erkennen nicht, daß sie selbst unmenschlich und unglückselig sind. Dies hat mich sagen lassen, daß die Fürsten wohl kleine, nicht aber große Dinge verstehen.

Auch habe ich für mein Wissen von der großzügigen Liebe des Himmels zu den Menschen noch weitere Gründe: Er ordnet Sonne, Mond und die Gestirne, um ihnen zu leuchten und sie zu führen, er regelt die vier Jahreszeiten, Frühling, Herbst, Winter und Sommer, um ihnen eine Richtschnur zu geben; mit dem Donner sendet er Schnee, Reif, Regen und Tau herab, um die fünf Feldfrüchte und Hanf und Seide wachsen und gedeihen zu lassen, damit die Menschen den Nutzen davon haben. Berge und Flüsse, Schluchten und Täler ordnet er, und er macht alle Angelegenheiten bekannt, um auf die Guten und die Schlechten im Volke hinzuweisen. Er setzt Könige und Fürsten ein und läßt sie die Tugendhaften belohnen und die Schlechten bestrafen. Und er läßt die Menschen Metalle und Holz, Vögel und Tiere benutzen und sie beim Anbau der fünf Feldfrüchte und von Hanf und Seide ihre Pflicht erfüllen, um das Volk mit Kleidung und Nahrung zu versorgen. Von alters her bis heute ist das immer so gewesen.

Angenommen, es gibt da einen Mann, der seinen Sohn innig liebt und alles tut, was in seiner Kraft steht, um ihm zu nützen. Der Sohn wächst heran und er tut nichts, um seinem Vater zu danken. Dann würden die Edlen im Reiche ihn unmenschlich und unglückselig nennen. Nun liebt der Himmel die ganze Welt und sucht allen Wesen zu nützen. Man könnte dem widersprechen, wenn sich auch nur etwas von der Geringfügigkeit einer Haarspitze fände, das den Menschen nützlich und nicht das Werk des Himmels wäre. Doch allein im Falle des Himmels tun sie nichts, ihre Dankbarkeit zu bekunden, und sie vermögen nicht einmal zu erkennen, daß sie unmenschlich und unglückselig sind. Daher sage ich, daß die Edlen wohl kleine, nicht aber große Dinge verstehen.

Doch die Gründe für mein Wissen von der großzügigen Liebe des Himmels zu den Menschen erschöpfen sich nicht darin. Wenn jemand einen unschuldigen Menschen tötet, dann wird der Himmel Unheil auf ihn herabsenden. Wer ist es, der einen Unschuldigen tötet? – Ein Mensch. Und wer sendet Unheil herab? – Der Himmel. Wenn der Himmel nun die Menschen nicht sehr lieben würde, welchen Grund hätte er dann, Unheil auf den Mörder eines unschuldigen Menschen herabzusenden? Daraus erkenne ich die große Liebe des Himmels zu den Menschen.

Doch die Gründe für mein Wissen von der großen Liebe des Himmels zu den Menschen erschöpfen sich nicht darin. Es gibt solche, die ihre Mitmenschen lieben und ihnen nützen, die den Willen des Himmels befolgen und des Himmels Lohn empfangen. Und es gibt auch solche, die ihre Mitmenschen hassen und ihnen schaden, die dem Willen zuwiderhandeln und die Strafe des Himmels auf sich ziehen. Wer ist es, der seine Mitmenschen liebt, ihnen nützt, den Willen des Himmels befolgt und des Himmels

Lohn empfängt? Es heißt, die vorbildlichen Könige der drei Dynastien des Altertums, Yao, Shun, Yü, T'ang, Wen und Wu waren solche. Was taten denn Yao, Shun, Yü, T'ang, Wen und Wu? Sie arbeiteten für Einigkeit (*chieh*) und nicht für Parteilichkeit (*pieh*). Einigkeit bedeutet: einer, der in einem großen Staate lebt, greift einen kleinen nicht an, als Mitglied einer großen Familie bringt er in eine kleine Familie keine Verwirrung, der Starke unterdrückt nicht die Schwachen, die Mehrheit spielt der Minderheit nicht übel mit, der Kluge überlistet nicht den Dummen und der Vornehme verhöhnt nicht den Geringen. Betrachtet man ihre Taten, so nützten sie im oberen Bereich dem Himmel, im mittleren Bereich den Geistern und im unteren Bereich den Menschen. Und da sie in allen drei Bereichen nützten, nannte man dies »himmlische Tugend«. Man nahm die Ehrentitel der ganzen Welt und verlieh sie ihnen, und man sagte: »Dies ist Menschlichkeit, dies ist Gerechtigkeit, dies ist: dem Willen des Himmels folgen und des Himmels Lohn empfangen.«

Doch damit nicht genug. Man schrieb es auf Bambus und Seide nieder, gravierte es in Metall und Stein und in Teller und Schüsseln, um es den Söhnen und Enkeln späterer Generationen zu überliefern. Warum tat man das? Es geschah, damit bekannt würde, wie sie ihre Mitmenschen liebten, ihnen nützten, den Willen des Himmels befolgten und dessen Lohn erlangten. In der Ode *Huang I* heißt es:

»Gott sprach zu König Wen:
›Ich liebe der Tugend Glanz.
Ohne Gepränge dein großer Ruhm,

Beständig sei deine Macht.
Ohne Scharfsinn und Hinterlist
Folgst du Gottes Befehl‹«[57]

Gott lobte, daß König Wen seinen Gesetzen folgte. Daher belohnte er ihn mit dem Land der Yin, erhob ihn in den Rang des Himmelssohnes und gab ihm das Reich zu eigen. Und bis auf den heutigen Tag ist das Lob seines Namens nicht verstummt. Daher wissen wir, welche es waren, die ihre Mitmenschen liebten, ihnen nützten, den Willen des Himmels befolgten und dessen Lohn empfingen.
Und wer waren die, die ihre Mitmenschen haßten, ihnen schadeten, dem Willen des Himmels zuwiderhandelten und seine Strafe auf sich zogen? Es waren Chieh, Chou, Yu und Li, die schlechten Könige der drei Dynastien des Altertums. Was taten Chieh, Chou, Yu und Li? Sie folgten der Parteilichkeit und nicht der Einigkeit. Infolge dieser Parteilichkeit griffen solche, die in großen Staaten wohnten, kleinere Staaten an, stifteten Mitglieder großer Familien in kleinen Familien Verwirrung, unterdrückten die Starken die Schwachen, spielte die Menge den zahlenmäßig Schwächeren übel mit, überlisteten die Klugen die Dummen und verhöhnten die Vornehmen die Geringen. Betrachtet man dieses Verhalten, so nützte es oben nicht dem Himmel, im mittleren Bereich nicht den Geistern und unten nicht den Menschen. Und da sie in keinem dieser drei Bereiche nützten, nannte man dies »Schädigung des Himmels«. Alle Schmähungen der Welt schüttete man über sie aus und sagte: »Diese sind unmenschlich, diese sind ungerecht. Sie hassen ihre Mitmenschen, schaden ihnen, handeln

dem Willen des Himmels zuwider und ziehen seine Strafe auf sich.« Und damit nicht genug.

Man schrieb auch ihre Taten nieder auf Bambus und Seide, ritzte sie in Metall und Stein, gravierte sie auf Teller und Schüsseln und überlieferte sie den Söhnen und Enkeln späterer Generationen. Warum tat man das? Man tat es, um damit bekannt zu machen, wie sie die Menschen haßten, ihnen schadeten, dem Willen des Himmels zuwiderhandelten und seine Strafe auf sich zogen.

In der *Großen Erklärung* im *Buch der Urkunden* heißt es: »Chou hockt untätig herum und weigert sich, Shang-ti zu dienen. Er vernachlässigt die Opfer für seine Ahnen und für die Geister des Himmels und der Erde. Und er betont: ›Ich habe das Mandat des Himmels.‹ Doch sein Tun weiß er nicht zu bessern. Daher verwirft der Himmel den Chou und schützt ihn nicht.«[58] Betrachten wir den Fall näher, dann sehen wir, der Grund dafür, daß der Himmel Chou verwarf und ihm seinen Schutz entzog, war dessen Zuwiderhandeln gegen den Willen des Himmels. Daraus ersehen wir, welche es waren, die ihre Mitmenschen haßten, sie schädigten, dem Willen des Himmels zuwiderhandelten und dafür bestraft wurden.

Daher sagte Meister Mo Ti: Für mich ist der Wille des Himmels, was der Zirkel für den Radmacher und das Winkelmaß für den Zimmermann ist. Der Radmacher gebraucht seinen Zirkel, um auszumessen, was rund und was nicht rund ist, und er sagt: »Was meinem Zirkel entspricht, ist rund, und was ihm nicht entspricht, ist nicht rund.« Auf diese Weise kann er feststellen, was rund und was nicht rund ist, weil er den Standard des Rundseins hat.

Der Zimmermann benutzt auf ähnliche Weise sein Winkelmaß, um zu messen, was in der Welt rechtwinklig und was nicht rechtwinklig ist, und er sagt: »Was meinem Winkelmaß entspricht, das ist rechtwinklig, was meinem Winkelmaß nicht entspricht, das ist nicht rechtwinklig.« Auf diese Weise kann er feststellen, was rechtwinklig ist und was nicht, weil er den Standard der Rechtwinkligkeit hat.

Auf die gleiche Weise mißt Mo Ti mit dem Willen des Himmels oben die Rechtspflege und die Regierungstätigkeit der Könige, Fürsten und Großen in der Welt und unten das Wissen und die Äußerungen der Menschen im Reiche. Er beobachtet ihre Handlungsweise, und wenn sie dem Willen des Himmels entspricht, so nennt er das »gute Handlungsweise«, und wenn sie dem Willen des Himmels zuwiderläuft, dann nennt er das »schlechte Handlungsweise«. Er betrachtet auch ihre Äußerungen. Solche, die den Ansichten des Himmels entsprechen, nennt er »gute Äußerungen«, und solche, die den Ansichten des Himmels zuwiderlaufen, nennt er »schlechte Äußerungen«. Er betrachtet die Regierung und Verwaltung, und wenn sie nach dem Willen des Himmels geführt wird, dann nennt er sie gut, und wenn sie dem Willen des Himmels zuwiderläuft, nennt er sie schlecht. Dies macht er also zum Maßstab und stellt es als Richtschnur auf, um damit Menschlichkeit und Unmenschlichkeit bei den Königen, Fürsten und Großen des Reiches zu ermitteln, so als unterschiede er zwischen schwarz und weiß.

Daher sagte Meister Mo Ti: Wenn die Könige, die Fürsten und Großen, die Gelehrten und Edlen des Reiches tatsächlich diesen Weg hochschätzen, den Menschen nützen und die Wurzel von Menschlichkeit und Rechtschaffenheit herausfinden wollen, dann müssen sie unbedingt den Willen des Himmels beachten. Denn die Befolgung dieses Willens ist der Maßstab der Gerechtigkeit.

DER WILLE DES HIMMELS III

Meister Mo Ti sagte: Was ist der Grund für die Unordnung im Reiche? Daß die Gelehrten und Edlen im Reiche alle zwar die kleinen Angelegenheiten verstehen, nicht aber die großen, ist der Grund. Woher weiß ich, daß sie zwar die kleinen, nicht aber die großen Dinge verstehen? Weil sie nicht den Willen des Himmels verstehen. Und woher weiß ich, daß sie den Willen des Himmels nicht verstehen? Indem ich ihr Verhalten in den Familien betrachte, erkenne ich es. Wenn jemand in einer Familie einen Fehler begeht, dann gibt es immer noch eine andere Familie, in der er Zuflucht findet. Doch der Vater ermahnt seinen Sohn und der ältere seinen jüngeren Bruder: »Hüte Dich und sei vorsichtig. Wenn Du Dich nicht hütest und in acht nimmst in der Familie, wie kannst Du dann in einem Staate leben?« Wenn heute jemand in einem Staate lebt und ein Verbrechen begeht, dann gibt es immer noch einen anderen Staat, in dem er Zuflucht findet. Doch der Vater wird seinen Sohn und der ältere seinen jüngeren Bruder ermahnen und sagen: »Sei achtsam und auf der Hut. Man kann nicht in einem Staate leben, ohne achtsam und auf der Hut zu sein.« Wenn heute die Leute, die im Reiche leben und dem Himmel dienen, gegenüber dem Himmel ein Verbrechen begehen, dann haben sie nichts mehr, wo sie ihre Zuflucht finden können. Doch die Leute denken nicht daran, sich gegenseitig zu warnen. Daher weiß ich, daß sie große Dinge nicht verstehen.[59]

Daher sagte Meister Mo Ti: Sei achtsam und vorsichtig und tue, was der Himmel wünscht, und unterlasse, was er haßt. Doch was wünscht der Himmel und was haßt er? Der Himmel wünscht Gerechtigkeit und er haßt Ungerechtigkeit. Woher weiß ich, daß das so ist. Gerechtigkeit ist richtig.[60] Woher wissen wir, daß Gerechtigkeit richtig ist? Wenn im Reiche Gerechtigkeit herrscht, dann herrscht Ordnung, wenn Ungerechtigkeit herrscht, dann herrscht Verwirrung. Daher weiß ich, daß Gerechtigkeit gleichbedeutend mit richtigem Verhalten ist.

Doch das Richtige wird niemals von den Unteren für die Oberen, sondern immer von den Oberen für die Unteren bestimmt. Daher dürfen sich die einfachen Leute nicht anmaßen, die Standards zu setzen, denn es gibt Beamte, die dies für sie tun. Doch auch die Beamten dürfen sich nicht eigenmächtig die Standards setzen, sondern da gibt es hohe Beamte, die sie regieren. Auch die hohen Beamten dürfen sich nicht anmaßen, eigenmächtig die Standards zu setzen, sondern da gibt es die Fürsten, die das für sie tun. Und auch die Fürsten dürfen sich nicht anmaßen, eigenmächtig die Standards zu setzen, sondern es gibt die drei Minister, die dies für sie tun. Doch diese dürfen sich nicht anmaßen, die Standards zu setzen, sondern der Himmelssohn tut dies für sie. Und auch der Himmelssohn darf sich nicht anmaßen, eigenmächtig die Standards zu setzen, sondern es gibt den Himmel, der dies für ihn tut.

Heutzutage wissen die Gelehrten und Edlen im Reiche alle, daß der Himmelssohn über das Reich regiert[61], doch sie erkennen nicht, daß der Himmel über den Himmelssohn regiert. Doch schon im Altertum haben die vorbildlichen Männer dieses erkannt und den Menschen dargelegt, indem sie sagten: »Wenn der Himmelssohn etwas Gutes tut, dann kann der Himmel ihn belohnen, und wenn er fehlt, kann der Himmel ihn bestrafen. Wenn der Himmelssohn nicht in angemessener Weise Belohnungen und Strafen verteilt, wenn er unangemessene Urteile fällt, dann wird der Himmel ihn mit Krankheiten und Unheil strafen, und Reif und Tau werden nicht zur rechten Zeit fallen.« Der Himmelssohn wird dann Ochsen und Schafe aufziehen und Hunde und Schweine mästen und reine Schalen mit Hirse und Wein und Most darbringen, zum Himmel beten und von ihm Glück erflehen. Doch ich habe noch niemals gehört, daß der Himmel zum Himmelssohn betet und ihn um Glück anfleht. Daher weiß ich, daß der Himmel sehr viel erhabener als der Himmelssohn ist.

So geht auch die Gerechtigkeit nicht von den Dummen und Einfachen aus, sondern von den Edlen und Weisen. Und wer ist weise? Der Himmel ist weise. Daher kommt die Gerechtigkeit eigentlich vom Himmel. Und wenn heute die Gelehrten und Edlen sich gerecht verhalten wollen, dann kommen sie nicht umhin, den Willen des Himmels zu beachten. Wie können sie dem Willen des Himmels entsprechen? Indem sie die Menschen in der Welt ohne Unterschied lieben. Woher wissen wir, daß sich die Liebe des

Himmels auf alle Menschen in der Welt erstreckt? Daher, daß er von ihnen allen Speiseopfer erhält. Woher wissen wir, daß er von ihnen allen Speiseopfer erhält? Vom Altertum bis heute hat es kein noch so fernes, ödes und von aller Kultur abgeschnittenes Land gegeben, in dem nicht Ochsen und Schafe gezüchtet und Hunde und Schweine gemästet worden wären, und wo nicht reine Hirse, Wein und Most zu respektvollem Opfer Shang-ti, den Bergen, Flüssen und Geistern dargebracht worden wären. Daher wissen wir, daß sie alle ihm Speiseopfer bringen. Und wenn sie ihm alle Speiseopfer darbringen, muß er sie auch alle lieben. Man könnte ihn mit den Fürsten von Ch'u und Yüeh vergleichen. Heute empfängt der König von Ch'u von allen in seinem Lande Speiseabgaben, und daher liebt er die Leute von Ch'u. Der König von Yüeh erhält Speiseabgaben in Yüeh, daher liebt er die Leute von Yüeh. Heute erhält der Himmel Speiseopfer aus dem ganzen Reiche. Daher weiß ich, daß er jeden im Reiche liebt.

Die Liebe des Himmels zu allen Menschen im Reiche erstreckt sich nicht bloß auf die materiellen Güter. Wenn heute in einem Staate in der Welt unter den Menschen, die sich von Getreide ernähren[62], jemand einen unschuldigen Menschen tötet, dann bringt das Unheil mit sich. Und wer tötet einen Unschuldigen? – Ein Mensch. Und wer sendet das Unheil? – Der Himmel. Wenn der Himmel nicht wirklich diese Menschen liebte, welchen Grund gäbe es dann dafür, daß der Himmel, wenn jemand einen Unschuldigen getötet hat, Unheil sendet?

Auch läßt sich erkennen, daß der Himmel das Volk großzügig und umfassend liebt. Woher wissen wir, daß der

Himmel die Menschen liebt? Daher, daß der Tugendhafte die Guten belohnt und die Schlechten bestraft? Und woher weiß man, daß der Tugendhafte stets die Guten belohnt und die Schlechten bestraft? Das weiß man von den heiligen Königen der drei Dynastien des Altertums. So liebten die heiligen Könige der drei Dynastien des Altertums, Yao, Shun, Yü, T'ang, Wen und Wu, das ganze Reich ohne Unterschied und nutzten ihm, und sie veränderten die Ansichten des Volkes und leiteten es an, Shang-ti, die Berge, Flüsse und Geister zu verehren. Und der Himmel fand, daß sie liebten, was er liebte, und daß sie nutzten, dem er nutzen wollte, und er belohnte sie dafür, erhob sie auf den Thron und machte sie zu Himmelssöhnen, damit sie als Vorbild dienten, und er nannte sie »vorbildliche Menschen«. Dies ist ein Beweis dafür, daß die Guten belohnt werden.

Die schlechten Könige der drei Dynastien des Altertums, Chieh, Chou, Yu und Li, haßten die ganze Welt und schadeten ihr, und sie veränderten das ganze Volk und leiteten es dazu an, Shang-ti, die Berge, Flüsse und Geister zu verhöhnen. Der Himmel fand, daß sie das, was er liebte, haßten, und daß sie dem, dem er nützen wollte, schadeten, und so bestrafte er sie und ließ Väter und Söhne auseinandergehen, er ließ ihre Staaten untergehen, ließ sie die Landestempel verlieren und selbst Schaden nehmen. Daraufhin wurden jene von den Massen des Volkes verdammt, und dies hielt über unzählige Generationen an. Und die Nachkommen setzten diese Schmähung fort und nannten sie »schlechte Könige«. Darin haben wir einen Beweis für die Bestrafung von Schlechtigkeit.

Wenn heutzutage die Gelehrten und Edlen des Reiches sich gerecht nennen wollen, dann kommen sie nicht umhin, dem Willen des Himmels zu entsprechen. Dem Willen des Himmels zu folgen ist Universalität, und dem Willen des Himmels zuwiderzuhandeln ist Parteilichkeit.[63] Wenn die Universalität zum Prinzip gemacht wird, dann regiert die Gerechtigkeit, und wenn die Parteilichkeit zum Standard gemacht wird, dann regiert die Gewalt. Was bedeutet es, wenn Gerechtigkeit die Grundlage der Regierung ist? Dann greifen die Großen nicht die Kleinen an, die Starken beschimpfen nicht die Schwachen, die Mehrheit schädigt nicht die zahlenmäßig Schwachen, die Klugen übervorteilen nicht die Dummen, die Edlen verachten nicht die Geringen, die Reichen erheben sich nicht über die Armen und die Kräftigen berauben nicht die Alten. Dann werden auch sämtliche Staaten im Reiche sich nicht mit Wasser, Feuer, Gift und Waffen gegenseitig ins Unheil stürzen. Auf diese Weise nützt man oben dem Himmel, in der mittleren Sphäre den Geistern und unten den Menschen. Bei diesen drei Weisen des Nützens gibt es nichts, dem nicht genützt würde. Dies nennt man himmlische Tugend. Alle, die sich so verhalten, sind vorbildlich und weise, menschlich und rechtschaffen, loyal, großmütig und pietätvoll. Daher nimmt man die besten Titel in der Welt und verleiht sie ihnen. Was ist der Grund dafür? Sie befolgen den Willen des Himmels.
Und was bedeutet eine Gewaltregierung? Die Großen greifen die Kleinen an, die Starken schmähen die Schwachen, die Menge schädigt die zahlenmäßig Schwachen, die Klugen übervorteilen die Dummen, die Edlen verhöhnen die Geringen, die Reichen erheben sich über die Armen und

die Kräftigen bestehlen die Alten. Infolgedessen schädigen sich sämtliche Staaten im Reiche mit Wasser, Feuer, Gift oder Waffen und fügen sich gegenseitig Unheil zu. Dann nützt man oben nicht dem Himmel, in der Mitte nicht den Geistern und unten nicht den Menschen. Und es gibt nichts, das bei dieser dreifachen Verfehlung von Nutzen noch einen Vorteil hätte. Dies nennt man Schädigung, und solche Menschen bezeichnet man als Räuber. Daher sind alle, die so handeln, Rebellen und Aufständische, Diebe und Räuber, unmenschlich und ungerecht, illoyal und ohne Wohlwollen, ohne Barmherzigkeit und ohne Pietät. Daher werden alle schlechten Namen des Reiches genommen und ihnen gegeben. Warum ist das so? – Weil sie dem Willen des Himmels zuwiderhandeln.

Daher hat Meister Mo Ti den Himmel zu seinem Richtmaß gemacht, so wie der Radmacher seinen Zirkel und der Tischler sein Winkelmaß hat. Der Radmacher benutzt den Zirkel und der Tischler das Winkelmaß, um das Rechtwinklige vom Runden zu unterscheiden. Daher hat Meister Mo Ti den Himmel zu seinem Richtmaß gemacht. Daraus erkenne ich, daß sich die Gelehrten und Edlen des Reiches von der Gerechtigkeit weit entfernt haben.

Woher weiß ich, daß sie sich von der Gerechtigkeit so weit entfernt haben? Heute sieht man, wie die Fürsten großer Staaten großspurig behaupten: »Ich lebe in einem großen Staat; und wenn ich die kleinen nicht angreife, wie könnte ich da groß sein.« Daher mustern sie ihre Truppen, stellen ihre Schiffe und Wagen auf und greifen unter dem Vorwand, bestrafen zu wollen, einen unschuldigen Staat an. Sie brechen in die Grenzen ein und zerstören die Ernte, schlagen die Wälder nieder, schleifen die Wälle und Mauern und füllen die Gräben, um über sie hinweg fahren zu können. Sie brennen die Ahnentempel nieder, ergreifen und töten die Opfertiere. Diejenigen aus der Bevölkerung, die sich widersetzen, machen sie nieder, und alle die sich nicht widersetzen, werden als Gefangene mit nach Hause gebracht. Die Männer werden zu Sklaven und Sträflingen und die Frauen zu Sklavinnen gemacht. Und die eroberungslustigen Fürsten wissen nicht, daß dies unmenschlich und ungerecht ist, sondern sie verkünden noch ihren Nachbarfürsten: »Ich habe einen Staat angegriffen, seine Armee geschlagen und soundsoviele Generäle getötet.« Auch die Nachbarfürsten wissen nicht, daß dies unmenschlich und ungerecht ist, sondern sie stellen Felle und Seide zusammen, lassen Kleider nähen und schicken Gesandte, die Glückwünsche überbringen und Festbankette geben. So weiß der eroberungslustige Fürst noch weniger, daß sein Handeln unmenschlich und ungerecht ist.

Solche Taten werden sogar noch auf Bambus und Seide verzeichnet und man verwahrt diese Aufzeichnungen in den Archiven, so daß die Nachkommen den Handlungsweisen ihrer Vorgänger und Vorfahren folgen und sagen: »Warum wollen wir nicht unsere Archive öffnen und sehen, welch herrliches Vorbild uns unsere Ahnen gegeben haben?« Und sie fragen nicht, ob sich die Könige Wen und Wu bei ihrer Regierung so verhalten haben. Sondern sie sagen: »Wir haben einen Staat angegriffen und seine Armee geschlagen und soundsoviele Generäle getötet.« So erkennen die kriegslustigen Fürsten nicht die Unmenschlichkeit und Ungerechtigkeit ihres Tuns, und die Fürsten der Nach-

barstaaten erkennen dessen Unmenschlichkeit und Ungerechtigkeit ebensowenig. Daher greifen sie Generation für Generation an, ohne aufzuhören. Dies meine ich mit den großen Angelegenheiten, die sie nicht verstehen, während sie nur die kleinen Dinge verstehen. – Inwiefern?
Es gebe einen Menschen, der in den Garten eines anderen eindringt und die Pfirsiche, Pflaumen, Melonen und den Ingwer stiehlt. Wenn die Oberen davon hören, werden sie ihn bestrafen, und wenn die Menge davon hört, wird sie ihn verdammen. Warum ist das so? Sie sagen, er maße sich ohne Arbeit zu erbringen Früchte an, dabei habe er gar kein Recht, sie zu nehmen. Und wenn er gar über die Mauer eines anderen steigt und sich an dessen Söhnen und Töchtern vergreift, oder in eines anderen Schatzkammer einbricht und dessen Gold, Jade und Seidenstoffe stiehlt, oder wenn er in eines anderen Stallungen steigt und dessen Ochsen und Pferde stiehlt, oder wenn er gar einen unschuldigen Menschen tötet, dann pflegen heutzutage die Könige, Fürsten und hohen Beamten einen, der solches tut, zu bestrafen. Auch unter der Herrschaft von Yao, Shun, Yü, T'ang, Wen und Wu im Altertum war es nicht anders.
Doch heutzutage greifen die Fürsten des Reiches andere Staaten an und annektieren sie, und dies ist mehrere tausend oder zehntausend mal schlimmer als einen Menschen zu töten, oder die Mauer eines anderen zu übersteigen und sich an dessen Söhnen und Töchtern zu vergreifen, und mehrere tausend oder zehntausend mal schlimmer als in die Schatzkammern eines anderen einzudringen und ihm Gold, Jade und Seidenstoffe zu stehlen, oder als in die

Stallungen eines anderen einzusteigen und seine Ochsen und Pferde zu stehlen, oder in den Garten eines anderen einzudringen und ihm Pfirsiche, Pflaumen, Melonen und Ingwer zu stehlen; sie selbst jedoch nennen es gerecht.

Daher sagte Meister Mo Ti: Wenn man sich selbst derart betrügt, was ist das anderes als den Unterschied zwischen schwarz und weiß, süß und bitter zu verwirren? Es gebe nun ein Mann, dem man etwas Schwarzes zeigt, und er nennt es schwarz, der aber, wenn man ihm viel Schwarzes zeigt, es weiß nennt. Er muß zugeben, daß seine Augen verwirrt sind und daß er nicht versteht, Schwarz und Weiß voneinander zu unterscheiden. Oder es gebe einen anderen Mann, der, wenn er etwas Süßes schmeckt, es süß nennt, wenn er aber viel Süßes schmeckt, es bitter nennt. Der muß zugeben, daß sein Mund verwirrt ist und er nicht den Geschmack von süß und bitter kennt.[64]

Wenn unter der Regierung der heutigen Könige, Fürsten und hohen Herren jemand einen Menschen tötet, dann wird der Staat dagegen einschreiten.[65] Vermag aber einer viele Menschen in einem Nachbarstaat zu töten, dann hält man dies für außerordentlich gerecht. Wie ist das verschieden von der Verwirrung des Unterschiedes zwischen Schwarz und Weiß und süß und bitter?

Daher stellte Meister Mo Ti den Willen des Himmels als seinen Maßstab auf, und nicht nur Meister Mo Ti hat den Willen des Himmels als Richtlinie genommen. In einem Buch der früheren Könige, dem *Ta-ya*, heißt es:

»Gott sprach zu König Wen:
›Ich liebe der Tugend Glanz.

Ohne Gepränge dein großer Ruhm,
Beständig sei deine Macht.
Ohne Scharfsinn und Hinterlist
Folgst du Gottes Befehl.‹«[66]

Damit wurde König Wen angewiesen, sich den Willen des Himmels zur Richtschnur zu machen und den Vorschriften Shang-tis zu folgen.

Wenn heutzutage die Gelehrten und Edlen im Reiche sich wirklich menschlich und gerecht verhalten und hervorragende Gelehrte sein wollen, dann müssen sie im oberen Bereich dem Weg der vorbildlichen Könige entsprechen und nach unten hin dem Staate und der Bevölkerung nützen. Den Willen des Himmels dürfen sie nicht unbeachtet lassen, denn der Wille des Himmels ist das Richtmaß für die Gerechtigkeit.

ÜBER DIE OFFENKUNDIGE EXISTENZ VON GEISTERN[67]

Meister Mo Ti sagte: Seit es die heiligen Könige der drei Dynastien des Altertums nicht mehr gibt und die Welt ihre Prinzipien aufgegeben hat, halten die Lehnsfürsten Gewalt für richtig. Zwischen Fürsten und Untertanen, zwischen Oberen und Untergebenen herrscht kein Wohlwollen und keine Loyalität mehr, zwischen Vater und Sohn, zwischen jüngerem und älterem Bruder gibt es keine Güte und keine Pietät, keine Brüderlichkeit, kein Respekt, keine Tugendhaftigkeit und keine Friedfertigkeit mehr. Die Führer des Staates strengen sich bei der Regierung nicht an und die einfachen Menschen bemühen sich nicht, ihren Pflichten nachzukommen. Das Volk ist schlecht, gewalttätig, räuberisch und aufständisch, Diebe und Räuber fallen mit Waffen, Gift, Wasser und Feuer auf Wegen und Nebenwegen über unschuldige Menschen her und bemächtigen sich ihrer Wagen, Pferde, Kleider und Pelze, um sich zu bereichern. Dies hat alles die gleiche Ursache und bringt Unordnung in das Reich.

Was ist der Grund für diese Zustände? – Alle bezweifeln die Existenz von Geistern und sehen nicht ein, daß es in der Macht der Geister steht, die Tüchtigen zu belohnen und die Schlechten zu bestrafen. Wenn man heute alle Menschen im Reiche dazu veranlassen könnte, zu glauben, daß die Geister in der Lage sind, die Tüchtigen zu belohnen und die Schlechten zu bestrafen, wie könnte es dann im Reiche Unordnung geben?

Solche, die die Nichtexistenz von Geistern behaupten, sagen: »Natürlich gibt es keine Geister«, und von morgens bis abends verkünden sie dies im Reiche und säen Zweifel bei der Bevölkerung, die sich nicht mehr im klaren darüber ist, ob es Geister gibt oder nicht. Und die Folge davon ist Unordnung im Reiche. Daher sagte Meister Mo Ti: Wenn die Könige, Fürsten und hohen Herren, die Gelehrten und Edlen im Reiche heute wirklich den Nutzen des Reiches mehren und Schaden von ihm wenden wollen, dann können sie nicht umhin, die Frage der Existenz oder Nichtexistenz von Geistern zu erhellen und zu klären. Da also die Frage der Existenz oder Nichtexistenz unbedingt geklärt werden muß, ist die Frage, wie wir dies am deutlichsten tun können.

Meister Mo Ti sagte: Durch die Methode, mit der man in der Welt festzustellen und zu erkennen pflegt, was ist und was nicht ist, indem man die zuverlässigen Wahrnehmungen der Ohren und Augen der Menschen zur Erkenntnis dessen, was ist und was nicht ist, zum Maßstab macht. Wenn jemand wirklich etwas gehört oder gesehen hat, dann müssen wir es für existierend halten, und wenn man etwas weder gehört noch gesehen hat, dann muß man es für nicht existierend halten. Wenn dies unsere Methode ist, warum gehen wir dann nicht in ein Dorf oder in eine Gemeinde und fragen? Wenn vom Altertum bis zum heutigen Tage, solange es Menschen gibt, die Erscheinungen von Geistern gesehen und die Stimmen von Geistern gehört worden sind, wie kann man dann sagen, daß die Geister nicht existieren? Wenn sie niemand gehört oder gesehen hätte, könnte man dann behaupten, daß es Geister gibt?

Die heute an der Nichtexistenz von Geistern festhalten sagen: »Solche, die in der Welt Erscheinungen von Geistern wahrgenommen haben wollen, sind unzählige, doch haben sie tatsächlich die Existenz oder Nichtexistenz von Geistern wahrgenommen?«

Meister Mo Ti sagte: Nehmen wir doch einen Fall, den viele gemeinsam gesehen und viele gemeinsam gehört haben, den des Tu Po. König Hsüan von Chou ließ seinen Minister Tu Po töten, obwohl dieser unschuldig war.[68] Tu Po sagte: »Mein Fürst will mich töten, obwohl ich unschuldig bin. Wenn ein Toter kein Bewußtsein mehr hat, dann ist damit der Fall erledigt. Aber wenn ein Toter ein

Bewußtsein hat, dann werden keine drei Jahre vergehen und ich werde es den Fürsten wissen lassen.« – Nach drei Jahren rief König Hsüan von Chou die Fürsten zusammen und jagte mit ihnen in P'u, und mehrere hundert Jagdwagen und Tausende von Begleitern erfüllten die Gegend. Um Mittag erschien Tu Po in einem von einem weißen Pferde gezogenen Wagen; er trug zinnoberrote Kleidung und hielt einen zinnoberroten Bogen, auf den er einen gleichfarbigen Pfeil gelegt hatte. Er verfolgte König Hsüan von Chou und schoß auf ihn in seinem Wagen. Er traf sein Herz und brach ihm das Rückgrat, so daß der König in seinem Wagen zusammenbrach, über seinen Köcher stürzte und starb. Zu jener Zeit gab es keinen unter den Gefolgsleuten der Chou, der dies nicht sah, und von den entfernter wohnenden keinen, der nicht davon hörte. Und es wurde verzeichnet in den Annalen der Chou. Herrscher und Fürsten belehrten damit ihre Untertanen, und Väter ermahnten damit ihre Söhne und sagten: »Seid vorsichtig, seid umsichtig! Jeder, der einen Unschuldigen tötet, wird Unheil auf sich laden und mit ebensolcher Schnelligkeit die Strafe der Geister und Dämonen auf sich ziehen.« Wie kann man angesichts dieses Berichtes noch an der Existenz von Geistern zweifeln?

Doch gibt nicht allein der Bericht dieses Buches einen Beweis. Einst war Herzog Mu von Ch'in[69] bei Tage in seinem Tempel, als ein Geist durch das Tor eintrat und sich neben ihn stellte. Der Geist hatte die Gestalt eines Vogels, war in ein schwarzgesäumtes Gewand aus weißer Seide gekleidet, und sein strenges Antlitz war direkt auf ihn gerichtet. Als der Herzog Mu von Ch'in ihn sah, da war er entsetzt und wollte fortlaufen, doch der Geist sagte: »Habe keine Angst, Shang-ti freut sich Deiner erleuchteten Tugend und er hat mich gesandt, Dir eine Verlängerung Deines Lebens um neunzehn Jahre zu gewähren, damit Dein Reich erblühe, Deine Nachkommen zahlreich seien und das Haus der Ch'in nicht untergehe.« Und Herzog Mu verbeugte sich zweimal und berührte mit der Stirn den Boden und sagte: »Darf ich nach dem Namen des Geistes fragen?« Und der Geist erwiderte: »Ich bin Kou Mang.«[70] Wenn wir das, was der Herzog Mu von Ch'in mit eigenen Augen sah, als Beweis gelten lassen, wie kann man dann noch die Existenz von Geistern bezweifeln?

Es gibt jedoch noch andere Beweise. Einst ließ Herzog Chien von Yen[71] seinen Minister Chuang-tzu I töten, obwohl dieser unschuldig war. Chuang-tzu I sagte: »Mein Fürst läßt mich töten, obwohl ich unschuldig bin. Wenn tote Menschen kein Bewußtsein haben, dann ist es aus. Wenn sie aber ein Bewußtsein haben, dann werden keine drei Jahre vergehen und ich werde es meinen Fürst wissen lassen.« – Nach einem Jahr machte sich der Herzog von Yen mit seinem Wagen auf nach Tsu. (Tsu in Yen ist wie She-chi in Ch'i, Sang-lin in Sung und Yün-meng in Ch'u ein Ort, an dem sich Männer und Frauen als Zuschauer versammeln.)[72] Um Mittag, als Herzog Chien von Yen gerade in seinem Wagen auf dem Wege nach Tsu war, erschien Chuang-tzu I mit einem roten Stock und erschlug ihn. Der Herzog brach in seinem Wagen zusammen. Zu jener Zeit gab es unter den Gefolgsleuten von Yen keinen, der dies nicht sah, und unter den entfernter wohnenden keinen, der nicht davon hörte. Und es wurde aufgezeichnet in den Annalen von Yen. Die Feudalfürsten überlieferten die Geschichte und sagten: »Wenn jemand einen Unschuldigen tötet, dann wird er Unheil auf sich laden und die Strafe der Geister unmittelbar auf sich ziehen.« Wie kann man angesichts dieses Berichtes die Existenz von Geistern bezweifeln?

Doch über diesen Bericht hinaus gibt es weitere Beweise. Einst, zur Zeit Paos, des Fürsten Wen von Sung, gab es einen Minister mit dem Namen Kuan-ku. Er war der Priester, der im Ahnentempel des Staates diente.[73] Der Schamane kam auf einen Stab gestütz heraus und sagte: »Kuan-ku, warum sind die Jadestäbe und die Jadescheiben nicht nach dem vorgeschriebenen Maß, warum sind die Wein- und Hirseopfer unrein und die Opfertiere nicht fett und vollkommen, und warum werden die Opfer zu den vier Jahreszeiten nicht zur rechten Zeit dargebracht? Bist Du dafür verantwortlich oder Pao? – Kuan-ku erwiderte: »Pao ist ein kleines Kind, das noch in Windeln liegt; wie kann Pao davon etwas wissen? Mir obliegen diese Angelegenheiten, und ich bin für alles verantwortlich.« Da erhob der Schamane seinen Stab und erschlug ihn, so daß er auf dem Altar zusammenbrach. Zu jener Zeit gab es keinen unter den Gefolgsleuten von Sung, der dies nicht sah, und unter den entfernten keinen, der davon nicht hörte. Und es wurde in den Annalen von Sung aufgezeichnet. Die Lehnsfürsten überlieferten es und sagten: »Alle, die die Opfer nicht mit der nötigen Ehrfurcht und Umsicht ausführen, werden von den Göttern so schnell bestraft.« Liest man diesen Bericht, wie kann man da noch an der Existenz von Geistern zweifeln?

Doch nicht nur jener Bericht spricht davon. Unter den Ministern des Fürsten Chuang von Ch'i gab es zwei mit den Namen Wang Li-kuo und Chung Li-chiao. Diese beiden hatten drei Jahre im Rechtsstreit miteinander gelegen, doch eine Entscheidung war noch nicht gefallen. Der Fürst von Ch'i mochte sie nicht hinrichten, weil er fürchtete, einen Unschuldigen zu töten; er wollte sie aber auch nicht freilassen, da er keinen Schuldigen freilassen wollte. Da forderte er die beiden auf, gemeinsam ein Lamm zu nehmen und einen Schwur an dem Altar der Götter des Landes Ch'i zu leisten. Die beiden einigten sich darauf, das Blutopfer auszuführen. Sie töteten das Lamm und versprengten sein Blut ringsum. Und als der Fall des Wang Li-kuo bereits verlesen war und man mit der Verlesung des Falles des Chung Li-chiao gerade begonnen hatte, da sprang das Lamm auf und stieß ihn so, daß ihm ein Bein brach, er auf den Altar stürzte und so an dem Ort zusammenbrach, an dem der Schwur geleistet werden sollte. Unter den Leuten aus Ch'i, die zu jener Zeit anwesend waren, gab es keinen, der es nicht sah, und unter den entfernten keinen, der nicht davon hörte. Und es wurde aufgezeichnet in den Annalen von Ch'i. Die Lehnsfürsten überlieferten es und sagten: »Jemand, der wider besseres Wissen einen Schwur leistet, wird so schnell die Bestrafung der Geister auf sich ziehen.« Betrachtet man diesen Bericht, wie kann man dann noch die Existenz von Geistern bezweifeln? Daher sagte Meister Mo Ti: Selbst in tiefen Schluchten, weiten Tälern und an dunklen und entlegenen menschenleeren Orten muß man sich bei seinem Handeln in acht nehmen, denn auch dort werden einen die Geister erblicken.

Die heute die Existenz von Geistern leugnen sagen: »Wie können einem die Sinneswahrnehmungen der Menge genügen, um einen Zweifel beizulegen? Und wie kann einer, der ein hervorragender Gelehrter im Reiche zu sein wünscht, sich auf die Sinneswahrnehmungen der Menge verlassen?«

Meister Mo Ti sagte: Wenn man die Sinneswahrnehmungen der Menge nicht für hinreichend hält, um darauf zu vertrauen und Zweifel dadurch aufzulösen, so frage ich, können uns dann wenigstens die vorbildlichen Könige der drei Dynastien des Altertums, Yao, Shun, Yü, T'ang, Wen und Wu, als Maßstab dienen? Sicher wird vom mittelmäßigen Manne aufwärts jeder sagen, daß die vorbildlichen Könige der drei Dynastien des Altertums uns als Standard genügen. Daher werden wir die Vergangenheit untersuchen und die Taten der vorbildlichen Könige betrachten.

Als einst König Wu Yin angriff und dessen Herrscher Chieh bestrafte, ließ er die Lehnsfürsten bei den Opfern Unterschiede machen, und er sagte: »Die nahen Verwandten sollen an den inneren Opfern teilnehmen, die entfernt Verwandten sollen an den äußeren Opfern teilnehmen.« König Wu war also offenbar von der Existenz von Geistern überzeugt. Daher ließ er, als er Yin angriff und Chieh schlug, die Lehnsfürsten bei den Opfern Unterschiede machen. Wenn es keine Geister gäbe, warum hätte dann König Wu Unterschiede bei den Opfern anordnen sollen!

Doch es sind nicht allein die Taten des Königs Wu, die ihre Existenz bezeugen. Die vorbildlichen Könige verliehen

ihre Belohnungen bei dem Ahnentempel, doch ihre Bestrafungen ließen sie beim Altar der Landesgötter verhängen. Warum belohnten sie im Ahnentempel? Um damit die Gerechtigkeit der Verteilung zu verkünden. Und warum wurden die Bestrafungen beim Altar der Landesgötter verhängt? Um die Gerechtigkeit des Urteils anzuzeigen.
Doch nicht allein diese Berichte beweisen die Existenz der Geister. Im Altertum wählten die Herrscher von Yü, Hsia, Shang und Chou, die vorbildlichen Könige der drei Dynastien, an dem Tage, an dem sie ihren Staat begründeten und die Hauptstadt einrichteten, einen Platz für den Hauptstaatsaltar. Und dort errichteten sie einen Ahnentempel. Sie suchten besonders gute und schöngewachsene Bäume aus, und in einem solchen Hain errichteten sie einen Tempel für die Götter des Landes. Unter den Älteren im Staate wählten sie die gütigsten, pietätvollsten, tugendhaftesten und friedfertigsten aus, damit sie als Diener und Priester in den Tempeln dienen. Von den sechs Haustieren nahmen sie die bestgenährten und schönsten als Opfertiere. Sie verteilten Jadestäbe und halbrunde Platten aus Nephrit in der angemessenen Güte und Anzahl und wählten Anteile vom Üppigsten und Besten der fünf Getreidearten aus, um sie als Wein- und Hirseopfer darzubringen, wobei die Güte stets dem Ergebnis der Jahresernte entsprach. So setzten die heiligen Könige des Altertums bei der Regierung des Reiches die Geister an erste und die Menschen erst an zweite Stelle. Daher heißt es: Bei der Einrichtung der Verwaltung muß zuerst dafür gesorgt werden, daß Opfergefäße und Gewänder ausreichend in den Magazinen vorhanden sind, daß Priester und Leute für andere Zeremo-

nien in genügender Anzahl bei Hofe eingesetzt werden und daß die Opfertiere von den Herden getrennt werden. Da die heiligen Könige des Altertums in dieser Weise die Regierung durchführten, müssen sie die Geister für existent gehalten haben.

In umfassendster Weise sorgten sie für die Geister, und da sie fürchteten, daß spätere Generationen dies nicht einsehen könnten, schrieben sie es nieder auf Bambus und Seide, um es so den späteren Generationen zu überliefern. Und da sie sich sorgten, daß diese Aufzeichnungen verrotten oder durch Insekten zerstört werden könnten und dann die Nachkommen davon nichts erfahren, ritzten sie es auch auf Teller und Becken und gravierten es in Metall und Stein. Denn sie fürchteten, daß die späteren Generationen nicht die angemessene Verehrung zollen würden und so nicht den Segen der Geister erlangen könnten. So finden sich in den Büchern, den fußbreiten Seidenrollen und den Bündeln von Bambustäfelchen der heiligen Könige immer und immer wieder Erwähnungen der Existenz von Geistern. Warum ist das so? Weil die heiligen Könige wert darauf legten. Die heute an der Nichtexistenz der Geister festhalten sagen: »Es gibt bestimmt keine Geister«, und damit widersetzen sie sich dem Anliegen der heiligen Könige. Doch dem, worauf die heiligen Könige wert legten, zuwiderzuhandeln, ist gerade nicht das, was den Weg eines Edlen ausmacht.

Die heute an der Nichtexistenz der Geister festhalten, sagen auch: »Unter den Büchern der vorbildlichen Könige gibt es keine fußbreiten Seidenrollen und Bündel von Bambustäfelchen, die immer wieder die Existenz von Gei-

stern betonen. Aber welche Bücher sollten das denn sein?«
Meister Mo Ti sagte: Zum Beispiel in dem *Ta-ya* unter den
Büchern der Chou. Dort heißt es:

»König Wen in der Höhe
Erstrahlt am Himmel so hell.
Alt ist das Volk der Chou,
Doch neu ist des Himmels Befehl.
Das Land von Chou erstrahlte,
Als Gottes Befehl es empfing.
König Wen steigt auf und nieder
Zur Linken, zur Rechten des Herrn.«[74]

Wenn Geister nicht existierten, wie könnte da König Wen nach seinem Tode noch zur Linken und zur Rechten Shang-tis sein? Daher weiß ich, daß Geister in den Büchern der Chou vorkommen.

Wenn aber nur in den Büchern der Chou Geister vorkämen, nicht aber auch in den Büchern der Shang, dann hätten wir nicht genügend Gründe für unsere Annahme. Daher wollen wir noch weiter zurück gehen und die Bücher der Shang untersuchen. Dort heißt es: »Als im Altertum die Herrscher der Hsia noch nicht von Unglück heimgesucht wurden, lebten alle Tiere und Insekten und selbst die Vögel einträchtig miteinander; um wieviel mehr war dies bei den Menschen der Fall! Hätten sie es gewagt, uneinig zu sein? Ebenso wagten auch die Geister und Dämonen der Berge und Flüsse nicht, friedlos zu sein. So brachten die Herrscher der Hsia mit Ehrfurcht und Aufrichtigkeit Harmonie in der Welt zustande und schützten unten das Land.«[75] Untersuchen wir nun, warum die Geister und Dämonen der Berge und Flüsse es nicht wagten, friedlos zu sein, so war es, weil sie die Pläne des Yü unterstützen wollten. Daher weiß ich, daß Geister in den Büchern der Shang vorkommen.

Doch wenn allein in den Büchern der Shang, nicht aber auch in den Büchern der Hsia Geister vorkämen, dann hätten wir noch keine sichere Grundlage für unsere Auffassung. So wollen wir noch weiter zurückgehen und die Bücher der Hsia untersuchen. In der *Erklärung des Yü* heißt es: »Da war eine große Schlacht bei Kan, und der König rief seine sechs Feldherren zur Linken und zur Rechten und gab vor den Truppen folgende Erklärung ab: ›Der Fürst von Hu vergeht sich gegen die fünf Elemente und er vernachlässigt die drei Standards.[76] Der Himmel will daher mit Gewalt sein Mandat aufheben.‹ Auch sagte er:[77] ›Heute werde ich mit dem Fürsten von Hu um das Schicksal dieses Tages kämpfen. Ihr Generäle, Würdenträger und einfache Leute, es ist nicht so, daß ich Eure Felder und Gebiete will, sondern ich will nur ehrfurchtsvoll die Strafe des Himmels vollstrecken. Wenn Ihr zur Linken nicht zur Linken Eure Pflicht tut und Ihr zur Rechten nicht zur Rechten, dann führt Ihr nicht meine Befehle aus. Wenn Ihr Wagenlenker Eure Pferde nicht ordentlich führt, dann werdet auch Ihr nicht meine Befehle ausführen. Entsprechend werde ich Euch dann auch im Ahnentempel belohnen und beim Altar der Landesgötter bestrafen.‹«[78] Warum wurden die Belohnungen in dem Ahnentempel vergeben? Um die Gerechtigkeit bei der Verteilung auszudrücken. Und warum wurden die Bestrafungen bei dem Altar der Landesgötter verhängt? Um

zu zeigen, daß die Verteilung gerecht war. Die heiligen Könige des Altertums waren davon überzeugt, daß die Geister die Tüchtigen belohnen und die Schlechten bestrafen. Und daher belohnten sie im Ahnentempel und bestraften bei dem Altar der Landesgötter. Daraus erkenne ich das Vorhandensein der Geister in den Büchern der Hsia.
So ist zuerst in dem Buche der Hsia und dann in den Büchern der Shang und der Chou immer wieder von der Existenz der Geister die Rede. Warum ist das so? Weil ihnen die vorbildlichen Könige so große Wichtigkeit beimaßen. Wenn wir nun betrachten, was in den Büchern geschrieben steht, wie kann man dann noch an der Existenz von Geistern zweifeln?
Es heißt, daß im Altertum an dem glückverheißenden Tage Ting-mao[79] die Leute der Chou Gebete am Altar der Landesgötter in alle vier Himmelsrichtungen beten, und alljährlich beten sie im Ahnentempel, um die Jahre ihres Lebens zu verlängern. Wenn es nun keine Geister gäbe, wie könnten diese dann ihre Lebensjahre verlängern?[80]
Daher sagte Meister Mo Ti: Wenn die Tatsache, daß die Geister die Guten belohnen und die Schlechten bestrafen, zur Grundlage im Staate gemacht und den Leuten erklärt werden kann, dann ist dies ein Weg, auf dem man den Staat in Ordnung hält und der Bevölkerung nützt. Wenn dann bei den Beamten keine Lauterkeit und Selbstlosigkeit herrscht, und wenn es zwischen Männern und Frauen keine Trennung mehr gibt, würden das die Geister sehen. Wenn sich das Volk lasterhaft und verderbt verhält und sich empört und rebelliert, und wenn Diebe und Räuber mit Waffen, Gift, Wasser und Feuer unschuldigen Menschen

auf Wegen und Seitenwegen auflauern und anderen Leuten Wagen, Pferde, Kleider und Pelze stehlen, um sich selbst zu bereichern, dann würden auch das die Geister sehen. Daher werden es die Beamten nicht wagen, unlauter und nicht selbstlos zu sein; wenn sie Gute sehen, werden sie nicht wagen, sie nicht zu belohnen, und wenn sie Schlechte sehen, werden sie nicht wagen, sie nicht zu bestrafen. Und daß die Bevölkerung lasterhaft und verderbt, rebellisch und aufsässig wird, daß Diebe und Räuber mit Waffen, Gift, Wasser und Feuer über unschuldige Leute auf Wegen und Seitenwegen herfallen, daß sie anderer Leute Wagen, Pferde, Kleider und Pelze an sich nehmen, um sich selbst zu bereichern, wird von da an aufhören.[81]

Dem wachen Auge der Geister kann man sich auch in düsteren Tälern oder weiten Sümpfen, in Bergen, Wäldern oder tiefen Schluchten nicht entziehen, denn die Augen der Geister werden einen dennoch sehen. Auch kann man sich der Strafe der Geister nicht durch Reichtum, Vornehmheit, zahlenmäßige Überlegenheit, Rüstungen oder Waffen entziehen, denn die Strafe der Geister läßt sich dadurch nicht abwehren.

Hält einer das für unzutreffend? – Im Altertum wurde König Chieh von Hsia in den Rang des Himmelssohnes erhoben, und das Reich wurde ihm anvertraut. Doch er beleidigte den Himmel und schmähte die Geister dort droben, und unten mißbrauchte und quälte er die Bevölkerung. Daraufhin[82] beauftragte der Himmel T'ang, die erleuchtete Strafe zu vollstrecken. T'ang stellte seine neun Wagen in Vogelflug-Formation wie bei dem Flug der Wildgänse auf, stieg den Ta-tsan empor, zerstreute die Streitkräfte der Hsia und drang in die Vorstadtbezirke ein, und mit eigenen Händen nahm er den T'ui-i Ta-hsi gefangen.[83]

Obwohl im Altertum der König von Hsia, Chieh, mit der Position des Himmelssohnes geehrt und das Reich ihm zueigen war und er über einen so tapferen Mann verfügte wie den T'ui-i Ta-hsi, der Rhinozerosse und Löwen bei lebendigem Leibe zerriß und mit einem Fingerzeig einen anderen töten konnte, und obwohl seine Leute nach Hunderttausenden und Millionen zählten und alle Niederungen und Hügel füllten, so vermochte er doch nicht, die Strafe der Geister abzuwenden. Das meine ich, wenn ich sage, daß man der Bestrafung der Geister auch nicht durch Reichtum, Vornehmheit, zahlenmäßige Überlegenheit, Anstrengung, Mut, Kraft, Kriegstüchtigkeit, Rüstungen oder Waffen entgehen kann.

Doch dies ist nicht alles! Im Altertum war König Chou von Yin mit der Position des Himmelssohnes beehrt worden, und er verfügte über das ganze Reich. Doch nach oben schmähte er den Himmel und beleidigte die Geister, und er mißbrauchte und schändete die Bevölkerung. Die runzligen Alten setzte er aus und ließ sie zugrunde gehen; kleine Kinder ließ er umbringen, Unschuldige peinigte er, schwangere Frauen schlitzte er auf, und die einfachen Leute und die Alten, die Witwen und Witwer klagten und schrien, doch sie blieben ungehört. Da beauftragte der Himmel König Wu, die gerechte Bestrafung zu vollziehen. König Wu wählte hundert Streitwagen und vierhundert tapfere Soldaten aus[84], und nachdem er, ausgestattet mit den Insignien seiner Macht, die Truppen der anderen Staaten gemustert hatte, kämpfte er gegen Yin in der Ebene von Mu. Er selbst nahm Fei-chung und O Lai gefangen,[85] während der größte Teil desertierte und davonlief. König Wu verfolgte Chou bis in den Palast[86] und schlug ihm den Kopf ab, den er mit einem roten Ring an eine weiße Fahne heftete und ihn so dem Gespött der Lehnsfürsten des ganzen Reiches preisgab. Obwohl also König Chou von Yin mit dem Platz des Himmelssohnes beehrt und ihm das ganze Reich zueigen gegeben worden war, und obwohl er mutige und starke Männer wie Fei-chung, O Lai und Ch'ung Hou hatte, die mit einem Fingerzeig einen Menschen töten konnten, obgleich seine Leute nach Hunderttausenden und Millionen zählten und Niederungen und Höhen anfüllten, so war er trotz all seiner Macht doch nicht in der Lage, die Strafe der Geister abzuwenden. Das ist es, was ich mit den Worten meinte, die Strafe der Geister könne auch nicht durch Reichtum, Vornehmheit, zahlenmäßige Überlegenheit, Anstrengung, Mut, Kraft, Kriegstüchtigkeit, Rüstungen oder scharfe Waffen abgewendet werden.

Ferner sagen uns die Worte des Ch'in Ai: »Zur Erlangung des Glücks ist nichts zu geringfügig; gegen die Zerstörung eines Ahnentempels ist nichts bedeutend genug.«[87] Das heißt, daß die Geister bei ihrer Belohnung auch das belohnen, was geringfügig ist, und daß nichts noch so Bedeutendes sie von ihrer Bestrafung abhalten kann.

Die heute an der Nichtexistenz von Geistern festhalten sagen: »Der Geisterglaube nützt nicht nur nicht den Eltern, sondern schadet sogar den pietätvollen Söhnen.«

Meister Mo Ti sagte: Im Altertum wie heute sind die

Geister und Dämonen die gleichen. Es gibt Geister des Himmels, es gibt Geister und Dämonen von Bergen und Flüssen und es gibt die Geister verstorbener Menschen. Heute kommt es schon einmal vor, daß ein Sohn vor seinem Vater oder ein jüngerer vor seinem älteren Bruder stirbt, und dennoch gilt die alte Regel: »Der früher Geborene wird früher sterben.« So werden die, die früher sterben, die Eltern und die älteren Geschwister sein. Wenn man nun reinen Wein und Hirse mit Ehrerbietung und Umsicht opfert, dann wird man, unter der Voraussetzung, daß es Geister und Dämonen wirklich gibt, damit seinen Vater, seine Mutter, seine ältere Schwester und seinen älteren Bruder speisen. Ist das nicht ein großer Nutzen?

Und wenn die Geister und Seelen wirklich nicht existierten, dann würden wir Wein und Hirse bei den Opferfesten nur vergeuden. Doch selbst wenn wir dies dabei vergeudeten, so wäre dies doch nicht so, als würden wir es in Kloaken und Gräben schütten und verkommen lassen. Denn die anderen Familienangehörigen und die Leute aus der Nachbarschaft kommen alle zusammen und trinken und essen, so daß man, selbst wenn es keine Geister und Seelen gäbe, dadurch immerhin eine fröhliche Gesellschaft zusammenbrächte und ein gutes Verhältnis zu den Nachbarn im Orte erlangte.

Die heute an der Nichtexistenz der Geister festhalten sagen: »Es gibt tatsächlich keine Geister! Daher darf man nicht seine Güter in Form von Wein, Hirse und Opfertieren darbringen. Es ist nicht so, daß ich mit diesen Gütern geize, doch was erreiche ich dadurch?« – Sie widersetzen sich den Schriften der vorbildlichen Könige und handeln dem Verhalten eines pietätvollen Sohnes zuwider. Und sie beanspruchen, hervorragende Gelehrte in der Welt zu sein, doch ist dies gerade nicht der Weg, ein hervorragender Gelehrter zu sein.

Daher sagte Meister Mo Ti: Wenn ich nun Opfer darbringe, dann ist es nicht so, als würde ich sie in Kloaken oder Gruben werfen und verkommen lassen, denn ich würde oben um den Segen der Geister ersuchen und unten die Leute zu einer fröhlichen Gruppe zusammenbringen und so die Zuneigung meiner Nachbarn gewinnen. Und wenn es Geister gibt, dann speise ich damit meinen Vater, meine Mutter und meine älteren Geschwister. Ist das etwa nicht von Nutzen für die Welt?

Daher sagte Meister Mo Ti: Wenn heutzutage die Könige, Fürsten und hohen Beamten, die Gelehrten und Edlen im Reiche wirklich den Nutzen des Reiches mehren und Schaden von ihm wenden wollen, dann müssen sie die Existenz von Geistern und Dämonen anerkennen und sie entsprechend verehren, denn dies ist der Weg der vorbildlichen Könige.

GEGEN DIE MUSIK[88]

Meister Mo Ti sagte: Es ist die Aufgabe eines Menschlichen, sich um Mehrung des Nutzens im Reiche zu mühen, Schaden von ihm abzuwenden und ein Vorbild für die Welt zu sein. Deshalb tut er das, was den Menschen nützt, und unterläßt, was ihnen nichts nützt. Darüberhinaus denkt der Menschliche, wenn er den Nutzen des Reiches plant, nicht nur an das, was das Auge erfreut, dem Ohr behagt, dem Gaumen schmeckt und dem Körper angenehm ist. Denn wenn er dazu das Volk der für Kleidung und Nahrung notwendigen Güter berauben müßte, würde er es unterlassen.

Deshalb verurteilte Meister Mo Ti die Musik nicht, weil ihm der Klang der großen Glocken, der donnernden Trommeln, der Saiteninstrumente und Flöten nicht gefiele, oder weil er die Gestalt von Schnitzereien und Ornamenten für unschön hielte, oder weil ihm der Geschmack von gekochtem und gebratenem Fleisch nicht mundete, oder weil ihm der Aufenthalt auf hohen Terrassen, in herrlichen Pavillons und in der Abgeschiedenheit der Wildnis unangenehm erschiene, sondern der Körper findet es angenehm, der Mund erkennt den Geschmack, das Auge erfreut sich und das Ohr berauscht sich daran – doch untersucht man es, so hat dies nichts mit den Gewohnheiten der heiligen Könige zu tun, und betrachtet man es, so dient dies nicht dem Nutzen des Volkes. Daher sagte Meister Mo Ti: Musik zu machen ist schlecht.[89]

Wenn auch heutzutage die Könige, Fürsten und Würdenträger das Verfertigen von Musikinstrumenten nicht als Hauptaufgabe im Staate betrachten, so können sie diese doch auch nicht wie Salz aus dem Wasser schöpfen oder wie Erz aus der Erde graben. Sie müssen vielmehr dem Volke hohe Abgaben auferlegen, bevor sie die Klänge großer Glocken, Pauken, Zithern und Flöten genießen können. Auch die heiligen Könige des Altertums erhoben

Abgaben vom Volk, doch bauten sie damit Boote und Wagen. Und wenn sie vollendet waren, und das Volk fragte: »Wozu brauchen wir die?«, erwiderten die Könige: »Die Boote werden auf dem Wasser und die Wagen auf dem Lande benutzt, so daß die Edlen darin ihre Füße ausruhen und die einfachen Leute damit ihre Schultern und Rücken entlasten können.« Daher entrichteten die Leute ihre Abgaben und wagten nicht zu murren. Warum? – Weil sie wußten, daß es von Nutzen für das Volk war. Und wenn die Musikinstrumente ebenso von Nutzen für das Volk wären, dann würde ich nicht wagen, sie zu verurteilen. Wahrhaftig, wenn die Musikinstrumente so nützlich wären wie die Boote und Wagen der vorbildlichen Könige, ich würde nicht wagen, sie zu verurteilen.

Das Volk hat dreierlei zu fürchten: daß es hungert und keine Nahrung bekommt, daß es friert und keine Kleider erhält und daß es ermüdet ist und sich doch nicht ausruhen kann. Diese drei Dinge bereiten dem Volke große Sorge. Wenn man es nun die große Glocken schlagen, die Trommeln rühren, die Zithern zupfen, die Pfeifen blasen und bei Kriegstänzen die Schilde und Äxte schwingen läßt, kann sich das Volk da noch die Mittel für Kleidung und Nahrung beschaffen? Ich glaube kaum! Doch lassen wir das vorerst.[90]

Heutzutage greifen große Staaten kleinere an, große Familien vernichten kleinere. Die Starken unterdrücken die Schwachen, die Mehrheit tyrannisiert die Minderheit, die Schlauen überlisten die Dummen, die Edlen verachten die Einfachen, und Rebellen und Aufständische, Diebe und Räuber treten überall zugleich auf und sind nicht aufzuhalten. Wenn man nun die großen Glocken schlagen, die Trommeln rühren, die Zithern zupfen, die Pfeifen blasen und Schilde und Streitäxte in Kriegstänzen schwingen läßt, läßt sich dadurch die Unordnung in der Welt beilegen und Ordnung wiederherstellen? – Ich glaube kaum! Daher sagte Mo Ti: Wenn man dem Volke schwere Abgaben auferlegt, um große Glocken, Trommeln, Zithern und Flöten anfertigen zu lassen, und wenn man so den Nutzen für das Reich zu mehren und Unheil von ihm abzuwenden sucht, dann wird man keinen Erfolg haben. Daher sagte Meister Mo Ti: Musik zu machen ist schlecht.

Heute sitzen die Könige, Fürsten und hohen Beamten auf hohen Terrassen und in weitläufigen Pavillons und blicken um sich, und die Glocken hängen dort wie umgestülpte große Kessel. Wenn diese nicht geschlagen würden, wie könnten sie sich dann an ihrem Klang erfreuen? Das heißt, sie benötigen Leute, die die Glocken schlagen. Sie werden bestimmt damit keine Alten oder Kinder betrauen, da deren Ohren und Augen nicht scharf genug und deren Arme nicht stark genug sind, sie die Töne nicht aufeinander abstimmen und die Glocken nicht rhythmisch schlagen können. Daher müssen sie Leute in angemessenem Alter einstellen, deren Ohren und Augen scharf und deren Arme kräftig sind, damit sie die Töne aufeinander abstimmen und die Glocken rhythmisch schlagen können. Werden junge Männer zu diesen Tätigkeiten eingestellt, dann werden sie für diese Zeit dem Pflügen, Säen und Pflanzen entzogen, und werden junge Frauen eingestellt, dann werden diese vom Spinnen und Weben abgehalten. Doch heute wollen die Könige, Fürsten und hohen Beamten ihre Musik hören, und sie nehmen damit dem Volke die Grundlage für Kleidung und Essen, zumal da sie die Musik in so großem Maße verlangen. Deshalb sagte Meister Mo Ti: Musik zu machen ist schlecht.

Selbst wenn heute große Glocken, Pauken, Zithern und Flöten alle vorhanden wären, die Könige, Fürsten und hohen Herren jedoch ruhig sitzen und sie alleine hören müßten, wie würden sie da Freude daran haben? Das heißt, daß sie zusammen mit Geringen oder Edlen zuhören müssen. Und wenn die Edlen mit ihnen hören müssen, halten sie diese dadurch von ihren Amtsgeschäften ab, und wenn die einfachen Leute mit ihnen zusammen hören müssen, hindern sie diese, ihren Geschäften nachzugehen. Dadurch, daß heute die Könige, Fürsten und hohen Beamten Musik machen lassen, rauben sie dem Volke die Mittel für Kleidung und Nahrung, zumal da sie die Musik in so großem Maße spielen lassen. Daher sagte Meister Mo Ti: Musik zu machen ist schlecht.

Einst ließ der Herzog K'ang von Ch'i (404–378 v. Chr.) soviel Musik und Kriegstänze veranstalten, daß Zehntausende seiner Untertanen nicht einmal grobe kurze Hemden zum Anziehen oder einfache Kleie zu essen hatten.[91] Man sagte, daß wenn Essen und Trinken nicht gut sind, die Gesichtszüge der Tänzer unansehnlich werden, und wenn die Kleidung nicht erlesen ist, die Körper und die Bewegungen nicht betrachtenswert sind. Deshalb müsse man ihnen Hirse und Fleisch zu essen geben und sie sich in gestickte Kleider hüllen lassen. Die Tänzer sorgten sich nicht selbst um die Mittel für Kleidung und Nahrung, sondern nahmen sie von den anderen. Daher sagte Meister

Mo Ti: Heute wollen die Könige, Fürsten und hohen Beamten die Musik und entziehen so dem Volke die Mittel für Kleidung und Nahrung, zumal da sie so ausgiebig Musik spielen lassen. Deshalb sagte Meister Mo Ti: Musik zu machen ist schlecht.

Die Menschen sind grundsätzlich verschieden von Tieren, Vögeln und Insekten.[92] Diese benutzen ihre Federn und ihr Fell als Kleider und Pelze, ihre Hufe und Klauen als Beinkleider und Schuhe und Wasser und Gras als Getränk und Speise. Deshalb brauchen bei ihnen die Männer nicht zu pflügen, zu säen und zu pflanzen und die Frauen nicht zu spinnen und zu weben, denn Kleidung und Nahrung sind für sie bereits vorhanden. Doch der Mensch ist von diesen verschieden. Er muß seine Kraft anstrengen, um zu leben, und wenn er seine Kraft nicht einsetzt, wird er nicht leben. Und wenn der Edle sich nicht um die Regierungsangelegenheiten müht, dann geraten Rechtspflege und Verwaltung in Unordnung. Wenn sich die einfachen Leute in der Verrichtung ihrer Geschäfte nicht abmühen, dann werden die Mittel und Güter nicht ausreichen.

Da die Gelehrten und Edlen in der Welt heute meinen Worten nicht glauben, wollen wir die verschiedenen Aufgaben der Leute in der Welt einzeln untersuchen und den Schaden, den die Musik dabei anrichtet, betrachten. Die Könige, Fürsten und hohen Beamten müssen morgens früh bei Hofe erscheinen und erst spät abends heimkehren, sie müssen Rechtsfälle anhören und die Regierungsgeschäfte besorgen. Dies ist ihre besondere Aufgabe. Daß die Gelehrten und Edlen die Kraft ihrer Glieder erschöpfen, daß sie die ganzen Kenntnisse ihres Geistes aufwenden, um in der Regierung Ämter zu verwalten und draußen an Pässen, auf Märkten, in den Bergen und Wäldern, an Seen und Deichen Abgaben zu erheben, damit die Korn- und Vorratshäuser gefüllt sind, das ist deren Aufgabe. Daß die Bauern in der Frühe aufs Feld gehen und erst spät heimkehren, pflügen, säen und pflanzen und große Ernten von Hülsen- und Feldfrüchten einbringen, das ist ihre Aufgabe. Und daß die Frauen früh aufstehen und sich erst abends zur Ruhe begeben, daß sie spinnen und weben und große Mengen von Hanf, Seide und anderen Fasern ordnen und davon Stoffe herstellen, das ist ihre Aufgabe.[93]

Wenn die Könige, Fürsten und Minister sich heute der Musik erfreuen und sie anhören, dann können sie nicht früh morgens bei Hofe erscheinen und spät erst heimkehren, Streitfälle anhören und Regierungsgeschäfte besorgen. Infolgedessen werden der Staat in Unordnung geraten und die Altäre der Landesgötter in Gefahr sein. Und wenn sich die Gelehrten und Edlen der Musik erfreuen und sie anhören, dann werden sie nicht in der Lage sein, die Kraft ihrer Glieder einzusetzen und alle Kenntnisse ihres Geistes aufzuwenden, um in der Regierung Ämter zu verwalten und draußen an Pässen, auf Märkten, in Bergen und Wäldern, an Seen und Deichen Abgaben zu erheben, damit die Korn- und Vorratshäuser gefüllt sind. Infolgedessen werden die Korn- und Vorratshäuser nicht gefüllt sein. Und wenn sich heute die Bauern der Musik erfreuen und sie anhören, dann werden sie bestimmt nicht in der Lage sein, in der Frühe aufs Feld zu gehen und erst spät heimzukehren, zu pflügen, zu säen und zu pflanzen und große Ernten von Hülsen- und Feldfrüchten einzubringen.

Infolgedessen werden Hülsen- und Feldfrüchte nicht ausreichen. Wenn die Frauen ihrerseits sich der Musik erfreuen und sie anhören, dann werden sie gewiß nicht in der Lage sein, früh aufzustehen und sich erst abends schlafen zu legen, zu spinnen, zu weben und große Mengen von Hanf, Seide und anderen Fasern zu ordnen und davon Stoffe herzustellen, und infolgedessen wird auch davon nicht genügend da sein. – Wenn einer fragt, was es sei, das die Großen dazu bringt, die Regierungsgeschäfte zu vernachlässigen, und die Einfachen, ihren Aufgaben nicht nachzukommen, dann ist die Antwort: die Musik. Deshalb sagte Meister Mo Ti: Musik zu machen ist schlecht.
Woher wissen wir, daß das der Fall ist? In einem Buch der früheren Könige, dem *Beamtenstrafgesetzbuch des T'ang*[94], heißt es: »Beständiger Tanz im Palast, das ist das Verhalten von Schamanen. Als Strafe dafür müssen die Edlen zwanzig Pfund Seide und die einfachen Leute zweihundert Stücke Kupfergeld entrichten.«[95] Ferner heißt es: »Oh, wie die Tanzenden wogen![96] Der Klang der Flöten ist laut und klar. Shang-ti hilft ihm nicht, und die Neun Provinzen sind für ihn verloren.[97] Shang-ti stimmt ihm nicht zu, und er sendet hundertfaches Unheil herab und zerstört sein Haus.« Wenn wir untersuchen, warum er die Neun Provinzen verlor, so war es, weil er eitel die Musik gepflegt hatte.
Im *Wu-kuan*[98] heißt es: »Ch'i[99] gab sich bei den ländlichen Gelagen ganz dem Vergnügen und der Musik hin, süßlich klangen die Flöten, mit Kraft schlug man die Pauken, der Herrscher badete selbt im Weine, und im Freien fanden wüste Schlemmereien statt. Der Wan-Tanz war prunk-

voll[100], doch der Himmel, der dies deutlich vernahm, war damit nicht einverstanden.« So billigten es oben der Himmel und die Geister nicht und der Bevölkerung brachte es keinen Nutzen.[101]
Deshalb sagte Meister Mo Ti: Wenn heute die Gelehrten und Edlen im Reiche wirklich das Wohl des Reiches mehren und Unheil von ihm wenden wollen, dann kommen sie nicht umhin, die Musik, wo sie eine Rolle spielt, zu verbieten und zu unterbinden!

GEGEN DIE SCHICKSALSGLÄUBIGKEIT I

Meister Mo Ti sagte: Heutzutage wollen die Könige, Fürsten und hohen Beamten, die einen Staat regieren, alle, daß ihre Staaten reich sind, daß die Bevölkerung sich vermehrt und daß die Verwaltung wohlgeordnet ist. Doch was sie erreichen, ist nicht Reichtum, sondern Armut, nicht eine Vermehrung, sondern eine Verminderung der Bevölkerung, nicht Ordnung, sondern Unordnung. So bleibt gerade das aus, was sie erwünschen, und was ihnen zuwider ist, tritt ein. Warum ist das so?[102] Meister Mo Ti sagte: Weil es so viele Fatalisten unter den Leuten gibt!
Die Fatalisten sagen: »Wenn das Schicksal Wohlstand bestimmt, dann gibt es Wohlstand, und wenn das Schicksal Armut bestimmt, dann gibt es Armut. Bestimmt es Vermehrung, wächst die Zahl der Bevölkerung, bestimmt es Verminderung, gibt es Verminderung, gebietet es Ordnung,

gibt es Ordnung, verhängt es Unordnung, gibt es Unordnung. Bestimmt das Schicksal langes Leben, gibt es langes Leben, bestimmt es kurzes Leben, gibt es frühzeitigen Tod. Und wenn sich einer auch noch so sehr dagegen stemmt, was kann er erreichen?« Solches sagen sie zu den Königen, Fürsten und hohen Beamten, und damit halten sie das Volk davon ab, seinen Aufgaben nachzukommen. Daher sind die Fatalisten nicht menschlich, und man muß ihre Reden unbedingt sorgfältig untersuchen.

Wie können wir ihre Lehren nun einer sorgfältigen Untersuchung unterziehen? Meister Mo Ti sagte: Es kommt darauf an, Urteilsregeln (*i*) aufzustellen. Denn wenn man ohne Urteilsregeln argumentiert, dann ist das, wie wenn man auf einer Drehscheibe Sonnenaufgang und Sonnenuntergang bestimmen wollte. Der Unterschied zwischen Wahrheit und Falschheit und zwischen Günstigem und Schädlichem läßt sich dabei nicht klar bestimmen. Daher muß eine Aussage drei Kriterien genügen. Welches sind diese drei Kriterien? Meister Mo Ti sagte: Es sind der Ursprung (*pen*), die Begründbarkeit (*yüan*) und die Anwendbarkeit (*yung*). Wie beurteilt man den Ursprung einer Aussage? Man beurteilt ihren Ursprung im Vergleich mit den Taten der heiligen Könige des Altertums. Und wie beurteilt man ihre Begründbarkeit? Indem man sie mit den Sinneswahrnehmungen der Bevölkerung in Zusammenhang bringt. Und wie ihre Anwendbarkeit? Indem man sie in Rechtspflege und Verwaltung anwendet und zusieht, ob sie dem Staate zum Vorteil gereicht. Das ist es, was mit den drei Kriterien für eine Aussage gemeint ist.

Unter den Gelehrten und Edlen im Reiche gibt es heute

einige, die an das Schicksal glauben. Deshalb wollen wir die früheren Zeiten erforschen und sehen, was wir von den heiligen Königen des Altertums wissen. Im Altertum herrschte Chaos unter Chieh, doch T'ang löste ihn ab und stiftete Ordnung; und Unordnung herrschte unter Chou, doch König Wu folgte auf ihn und stiftete Ordnung. In ein und derselben Generation und ohne daß sich die Bevölkerung geändert hätte herrschte unter Chieh und Chou Unordnung im Reiche, die von T'ang und Wu zur Ordnung gewendet wurde. Wie kann man da von Schicksal reden?

Trotzdem gibt es unter den Gelehrten und Edlen im Reiche heute einige, die an das Schicksal glauben. Wir wollen dies im Lichte der Bücher der früheren Könige betrachten. Unter den Büchern der früheren Könige gibt es solche, die vom Staate ausgegeben und unter der Bevölkerung verbreitet wurden, und dies nannte man »Verordnungen« (*hsien*). Gab es unter den Verordnungen der früheren Könige jemals solche, die besagten: »Glück läßt sich nicht erstreben und Unheil nicht vermeiden; Ehrfurcht zahlt sich nicht aus und Frevel hat keine Bestrafung zur Folge?« Solche Schriften, nach denen Rechtsfälle verhandelt und nach denen Vergehen bestraft wurden, nannte man »Strafgesetzbücher« (*hsing*). Heißt es in den Strafgesetzbüchern der früheren Könige irgendwo: »Glück läßt sich nicht erstreben und Unheil nicht vermeiden, Ehrfurcht zahlt sich nicht aus und Frevel hat keine Bestrafung zur Folge?« Die Schriften, nach denen die Armeen aufgestellt und das Vorrücken und Zurückweichen der Truppen geregelt wurde, nannte man »Erklärungen« (*shih*). Heißt es in den Erklärungen der früheren Könige jemals: »Glück läßt sich nicht erstreben und Unheil nicht vermeiden, Ehrfurcht zahlt sich nicht aus und Frevel hat keine Bestrafung zur Folge?« – Ich habe nicht alles aufgezählt; es wäre auch unmöglich, alle die vortrefflichen Bücher des Reiches anzuführen, sondern ich habe mich auf die drei genannten wichtigen Beispiele beschränkt.Und wenn man auch noch so sehr nach Unterstützung für die Aussagen der Fatalisten sucht, man wird keine finden; sollte man sie daher nicht zurückweisen?

Die Worte der Fatalisten anzuwenden bedeutet, die Gerechtigkeit im Reiche zu zerstören. Und solche, die die Gerechtigkeit im Reiche zerstören, setzen das Schicksal dafür ein und lassen das Volk dabei leiden. Und die durch ihre Lehren dem Volke Leiden zufügen, zerstören die Menschen des Reiches.

Warum jedoch wünschen wir bei den Oberen Gerechtigkeit? – Wenn gerechte Männer an der Spitze des Reiches stehen, dann ist es wohlgeordnet, und Shang-ti, die Berge und Täler, die Dämonen und Geister haben ihre Verehrer, und das Volk hat großen Nutzen davon. Woher wissen wir das? – Meister Mo Ti sagte: Im Altertum wurde T'ang in Po belehnt. Bei Bereinigung der ungeraden Grenzen umfaßte sein Gebiet hundert Meilen im Geviert. Seinem Volke war er in allumfassender Liebe zugetan und in wechselseitiger Hilfe verbunden, und was im Überfluß da war, teilte er mit seinem Volk. Er leitete es an, oben den Himmel zu verehren und den Geistern zu dienen. Daher beschenkten ihn der Himmel und die Geister mit Reichtum, die Lehnsfürsten hielten zu ihm, das Volk fühlte sich ihm verbunden, und hervorragende Gelehrte kamen an seinen Hof. Und bevor ein Menschenalter vergangen war, beherrschte er das Reich und gebot über alle Lehnsfürsten im Land.

Als einst König Wen in Chou am Berge Ch'i belehnt wurde, umfaßte sein Gebiet, bei Bereinigung des ungeraden Grenzverlaufs, einhundert Meilen im Geviert. Seinem Volke war er in allumfassender Liebe zugetan und durch gegenseitige Hilfe verbunden, und was im Überfluß da war, wurde geteilt. So lebten die, die nahe bei ihm wohnten, friedlich unter seiner Herrschaft, und die entfernt wohnenden wurden durch seine Tugend gewonnen. Alle, die von ihm hörten, machten sich auf und zogen zu ihm, und die Schwachen und Verkrüppelten, deren Glieder nicht die Kraft hatten, blieben, wo sie waren, und klagten: »Wenn doch das Reich des Königs Wen auch unser Gebiet umfaßte und wir auch den Nutzen davon hätten! Warum können wir es nicht auch so haben wie die Untertanen des Königs Wen?« So bereicherten ihn der Himmel und die Geister, die Lehnsfürsten hielten zu ihm, das Volk war ihm zugetan, und hervorragende Gelehrte kamen an seinen Hof. Und es war noch kein Menschenalter vergangen, da regierte er das Reich und führte die Fürsten an. Wenn ich sagte, daß bei einem gerechten Mann an der Spitze das Reich wohlgeordnet ist, daß dann Shang-ti, die Berge und Täler, die Dämonen und Geister alle ihre Verehrer haben und das Volk davon großen Nutzen hat, dann habe ich das an diesen Beispielen erkannt.

So haben im Altertum die heiligen Könige Gesetze erlassen, Befehle ausgegeben und Belohnungen und Strafen ausgesetzt, um zum Guten zu ermuntern und von Schlechtem abzuhalten. Daher waren die Menschen innerhalb der Familie pietätvoll und gütig zu ihren Eltern und draußen ehrerbietig und freundlich zu ihren Nachbarn. Im Hause galten bestimmte Regeln und für draußen wie für drinnen bestimmte Vorschriften, und zwischen Männern und Frauen herrschten geordnete Beziehungen. Wenn einer mit der Verwaltung eines Amtes betraut wurde, dann stahl er nicht, und wenn einem die Verteidigung einer Stadt anvertraut wurde, dann mißbrauchte er nicht das in ihn gesetzte Vertrauen oder rebellierte gar. Geriet der Fürst in Not, dann opferte man sein Leben für ihn, und mußte er sein Land verlassen, folgte man ihm. Solches Verhalten wurde von den Oberen belohnt und von der Bevölkerung gepriesen.

Und doch sagen die Vertreter des Fatalismus: »Wenn einer von den Oberen belohnt wird, so ist es, weil das Schicksal ihm die Belohnung bestimmt hat, und er wird nicht wegen seiner Tüchtigkeit belohnt.«[103] Wenn das so wäre, dann wären die Leute in ihren Familien nicht gütig und pietätvoll gegenüber ihren Eltern und nicht ehrerbietig und freundlich zu ihren Nachbarn. Zu Hause gäbe es für sie keine Regeln, drinnen wie draußen gäbe es für sie keine Vorschriften und zwischen Männern und Frauen herrschten keine geordneten Beziehungen. Wenn man sie mit der Verwaltung eines Amtes betraute, würde sie stehlen, und wenn man ihnen die Verteidigung einer Stadt übertrüge, dann würden sie das in sie gesetzte Vertrauen mißbrauchen und womöglich rebellieren. Und wenn der Fürst in Schwierigkeiten ist, würden sie nicht für ihn in den Tod gehen, müßte er das Land verlassen, so würde keiner ihm folgen. Eine solche Handlungsweise würde von den Oberen bestraft und von dem Volke verurteilt und verdammt.

Dennoch sagen die Vertreter des Fatalismus: »Wenn einer von den Oberen bestraft wird, so deshalb, weil das Schicksal es für ihn bestimmt hat, nicht aber, weil er schlecht ist.«[104] Unter dieser Voraussetzung wären die Fürsten nicht gerecht, die Beamten nicht loyal, die Väter nicht gütig und die Söhne nicht pietätvoll, die älteren Brüder nicht großmütig und die jüngeren Brüder nicht ehrerbietig. Jene, die hartnäckig an solchen Ansichten festhalten, sind der Ursprung verwerflicher Lehren, und sie gehen den Weg der Schlechten.

Doch woher wissen wir, daß der Fatalismus der Weg der schlechten Menschen ist? – Einst begehrten die verarmten Leute Essen und Trinken, doch sie waren säumig bei der Verrichtung ihrer Arbeit. So genügten die Mittel für Kleidung und Nahrung nicht, und sie hatten Hunger und Kälte, Frost und Nahrungsmangel zu leiden. Doch sie erkannten nicht, daß sie schwach und verkommen und ohne Eifer ihrer Arbeit nachgegangen waren, sondern stattdessen sagten sie: »Das Schicksal hat uns die Armut bestimmt.« In früherer Zeit gab es die schlechten Könige, die die Sinneslust ihrer Augen und Ohren und die entarteten Triebe ihrer Herzen nicht beherrschen konnten. Sie beachteten nicht den Weg ihrer Vorfahren, und deshalb gingen sie bald ihrer Staaten verlustig und brachten Verheerung über die Altäre der Landesgötter. Doch auch sie erkannten nicht, daß sie schlecht und verkommen waren und die Regierungsgeschäfte nicht zufriedenstellend besorgt hatten, sondern sie sagten stattdessen: »Es ist unser Schicksal, daß wir unser Land verloren haben.«

In der *Erklärung des Chung Hui* heißt es: »Ich habe gehört, daß der Mann von Hsia mit dem Vorwand, unter dem Mandat des Himmels zu handeln, seine Befehle an das Volk erließ. So vernichtete Shang-ti ihn wegen seiner Schlechtigkeit und zerstreute sein Heer.« Dies zeigt, wie T'ang den Fatalismus des Chieh verurteilte.[105]

In der *Großen Erklärung* heißt es: »Chou war äußerst unverschämt und er wollte Shang-ti, den Geistern und Dämonen nicht dienen. Er brachte Unheil über die Tempel seiner Ahnen und der Geister und wollte ihnen nicht opfern, sondern sagte: ›Mein Volk hat sein Schicksal.‹ Er war hochtrabend und herrschsüchtig, und so verwarf ihn der Himmel und schützte ihn nicht.« Dies zeigt, wie König Wu den Fatalismus des Chou verdammte.[106]

Wenn man den Worten der Fatalisten folgte, dann würden die Oberen nicht die Regierungsgeschäfte besorgen und die Untertanen nicht ihre Arbeit verrichten. Wenn die Oberen nicht die Regierungsgeschäfte besorgen, dann sind Rechtspflege und Verwaltung in Unordnung, und wenn die Untertanen nicht ihre Arbeiten verrichten, dann reichen die Mittel nicht aus. Dann hat man keine Hirse und keinen Wein, Shang-ti und den Geistern zu opfern, und man kann die fähigen Gelehrten in der Welt nicht ausreichend versorgen. Bei den auswärtigen Beziehungen kann man die Gäste der fremden Fürsten nicht bewirten und im Inneren hat man nichts, um die Hungernden zu versorgen, die Frierenden zu kleiden und die Alten und Schwachen zu verpflegen. Also nützt das Schicksal in der oberen Sphäre nicht dem Himmel, im mittleren Bereich nicht den Geistern und im unteren Bereich nicht den Menschen. Jene, die hartnäckig an solchen Ansichten wie dem Fatalismus festhalten, sind der Ursprung für verwerfliche Lehren, und sie gehen den Weg von schlechten Menschen.

Daher sagte Meister Mo Ti: Wenn die Gelehrten und Edlen im Reiche heute wirklich Wohlstand im Reiche wünschen und Armut verabscheuen, wenn sie Wohlgeordnetheit im Reiche wünschen und Unordnung hassen, dann können sie gar nicht anders als die Reden der Fatalisten zu verurteilen, denn sie sind das größte Übel für das Reich.

GEGEN DIE SCHICKSALSGLÄUBIGKEIT II

Meister Mo Ti sagte: Bei allen Äußerungen und Reden, die einer bestimmten Ordnung folgen sollen, muß man zuallererst Urteilsregeln aufstellen. Denn wenn man argumentiert, ohne Urteilsregeln zu befolgen, dann ist das, als ob man die Richtungen von Sonnenaufgang und Sonnenuntergang auf einer Töpferscheibe bestimmen wollte. Auch der geschickteste Handwerker könnte so kein richtiges Ergebnis erzielen. Heutzutage lassen sich die verkehrten Ansichten in der Welt nicht so ohne weiteres erkennen. Daher muß eine Aussage drei Kriterien genügen. Welches sind diese drei Kriterien? Es sind die Kriterien des Ursprungs, der Begründbarkeit und der Anwendbarkeit. Um den Ursprung zu beurteilen, muß man den Willen des Himmels und der Geister und die Taten der heiligen Könige untersuchen. Und um die Begründbarkeit zu beurteilen, muß man die Schriften der früheren Könige heranziehen. Und wie steht es mit der Anwendbarkeit? Indem man die Aussagen auf Rechtspflege und Verwaltung anwendet, erkennt man die Anwendbarkeit. Dies sind die drei Kriterien zur Überprüfung von Aussagen.

Unter den Gelehrten und Edlen des Reiches gibt es heute manche, die glauben, daß es ein Schicksal gibt, und einige, die glauben, daß es kein Schicksal gibt. Woraus können wir erkennen, ob es ein Schicksal gibt oder nicht? Aus den Wahrnehmungen der Ohren und Augen der Menge. Was gehört und was gesehen wurde, nennen wir wirklich, und was niemals gesehen oder gehört wurde, nennen wir nichtexistierend. Warum untersuchen wir dann nicht die Wahrnehmungen der Menge? Denn hat seit dem Altertum bis heute, seit dem Anbeginn der Menschheit je einer so etwas wie das Schicksal gesehen oder einen Laut des Schicksals gehört? Das ist niemals vorgekommen!

Und wenn man das Volk für töricht und minderwertig und die Wahrnehmungen ihrer Ohren und Augen für nicht zureichend hält, sie zum Kriterium zu machen, warum untersucht man dann nicht die Überlieferungen der Lehnsfürsten und die von ihnen verbreiteten Worte? Hat seit dem Altertum bis heute, seit Anbeginn der Menschheit jemals einer von ihnen die Stimme des Schicksals vernommen oder den Körper des Schicksals gesehen? Das ist niemals vorgekommen!

Und warum untersucht man nicht die Handlungen der heiligen Könige? Die heiligen Könige des Altertums zeich-

neten die pietätvollen Söhne aus und ermunterten sie, ihren Eltern zu dienen. Sie ehrten tüchtige und edle Männer und bestärkten sie darin, Gutes zu tun. Sie gaben Verordnungen heraus und erließen Gesetze, um ihr Volk zu unterweisen, und sie belohnten und bestraften, um zu ermuntern und abzuschrecken. Auf diese Weise konnte Unordnung in Ordnung gewendet werden, und was vorher gefährlich war, war nun friedlich. Wenn jemand daran zweifelt, sei er nur darauf verwiesen, daß die Unordnung unter Chieh von T'ang und die Unordnung unter Chou von König Wu in geordnete Verhältnisse umgewandelt wurden. Die Zeiten hatten sich nicht geändert und das Volk sich nicht gewandelt, doch dadurch, daß sich oben die Regierung änderte, wurde das Volk in seiner Moral gewandelt. Unter T'ang und Wu herrschte Ordnung und unter Chieh und Chou Unordnung. Daß auf Gefahr Sicherheit und Ordnung auf Unordnung folgte, war eine Folge der von oben ausgeübten Regierung. Wie kann man da von dem Vorhandensein eines Schicksals sprechen?
Doch jene, die behaupten, es gäbe ein Schicksal, werden uns nicht zustimmen. Heute sagen die Fatalisten: »Wir haben diese Lehre nicht erst neuerdings eingeführt, sondern sie stammt bereits aus den drei Dynastien des Altertums und ist uns von daher überliefert.« Darauf erwiderte der Lehrer (d. i. Mo Ti): Man weiß nun nicht, ob die vorbildlichen und guten Männer oder aber die schlechten und unwürdigen Männer der drei Dynastien Fatalisten waren. Wie können wir das herausfinden?
Am Anfang waren die Beamten und die vortrefflichen Großwürdenträger sorgfältig in ihren Reden und wußten,

was sie taten. Ihren Fürsten machten sie Vorschläge und das Volk belehrten und unterwiesen sie. So erhielten sie von oben Belohnungen von ihren Fürsten und von unten das Lob des Volkes. Der Ruhm dieser Beamten und vortrefflichen Würdenträger verhallte nie und ist bis auf unsere Tage überliefert. Und die ganze Welt sagt: »Dies ist das Ergebnis ihrer Bemühungen.« Sie würde bestimmt nicht sagen: »Ich betrachte das als Schicksal.«
Doch die frevelhaften Könige der drei Dynastien des Altertums zügelten nicht die Lüsternheit ihrer Sinne und beherrschten nicht die Begierden ihres Herzens. Draußen jagten sie in Wagen und bei der Jagd legten sie Netze und schossen mit Pfeilen. Drinnen gaben sie sich dem Wein und der Musik hin. Sie kümmerten sich nicht um die Regierung der Bevölkerung ihres Staates, sondern sie trieben vorwiegend Nutzloses. Sie unterdrückten das Volk, und infolgedessen waren die Untertanen ihnen nicht zugeneigt, das Land veröedete und verwaiste, und sie selbst fielen der Bestrafung und Unheil anheim. Doch sie bekannten nicht und sagten etwa: »Ich bin schlecht und unwürdig und habe gefehlt bei der Ausführung der Regierungsgeschäfte.« Sondern sie sagten: »Es ist eben mein Schicksal, daß ich untergehen muß.« Auch das elende Volk zur Zeit der drei Dynastien war so. Sie waren nicht in der Lage, zu Hause ihren Eltern und nach außen hin ihren Fürsten und Vorgesetzten zu dienen. Höflichkeit und Bescheidenheit waren ihnen zuwider, und sie liebten ein freizügiges und leichtes Leben. Sie sannen auf Essen und Trinken, doch sie waren träge bei der Arbeit. Die Mittel für Kleidung und Nahrung reichten nicht aus, so daß sie Hunger und Frost, Kälte und

Nahrungsmangel zu leiden hatten. Freilich konnten sie sich nicht eingestehen: »Wir sind dumm und unwürdig und nicht eifrig unseren Aufgaben nachgegangen.« Sondern sie sagten: »Es ist eben unser Schicksal, arm zu sein.« So also war das elende Volk zur Zeit der drei Dynastien.

Immer wieder ist der Fatalismus beschönigt, ist er der Menge gelehrt und sind einfache Menschen damit betört worden. Den vorbildlichen Königen machte dies große Sorgen. Deshalb ließen sie es auf Bambus und Seide schreiben und in Metall und Stein ritzen. In der *Erklärung des Chung Hui,* einer Schrift der früheren Könige, heißt es: »Ich habe gehört, daß zur Zeit der Hsia unter dem Vorwand, es handele sich um Anordnungen des Himmels, an das Volk Befehle ergingen. Shang-ti erzürnte darüber und zerstreute ihre Streitkräfte.« Dieser Ausspruch zeigt, wie der König der Hsia, Chieh, am Fatalismus festhielt und wie sowohl T'ang als auch Chung Hui dies verurteilten. – In der *Großen Erklärung,* einem Buch der früheren Könige, heißt es: »König Chou war unbotmäßig und wollte Shang-ti nicht dienen; er mißachtete seine Ahnen und die Geister und opferte ihnen nicht. Er sagte: ›Mein Volk hat sein Schicksal‹, und vernachlässigte seine Aufgaben. Der Himmel ließ daher von ihm ab und entzog ihm seinen Schutz.« Dies zeigt, wie Chou am Fatalismus festhielt und wie König Wu diese Haltung in seiner *Großen Erklärung* verurteilte.[107]

Auch in der Schrift *Die hundert Staaten der drei Dynastien* heißt es: »Lege nicht zu viel Gewicht auf die Bestimmung des Himmels.« In derselben Schrift wird auch gesagt, es gäbe kein Schicksal.[108] Und in der Schrift *Der*

Herzog von Shao wird das Schicksal ebenso abgelehnt. Dort heißt es: »Es gibt bestimmt kein himmlisches Schicksal. Und da wollen wir beide (d. i. der Herzog von Shao und sein Bruder, der Herzog von Chou) nicht falsche Lehren verkünden. Das Schicksal kommt nicht vom Himmel, sondern man empfängt es von sich selbst.«[109] – In den Liedern und Schriften der Shang und der Hsia steht, das Schicksal sei von den frevelhaften Königen eingeführt worden.

Wenn heute die Gelehrten und Edlen im Reiche wahr und falsch, Nutzen und Nachteil voneinander unterscheiden wollen, dann müssen sie unbedingt die Bestimmung des Himmels bestreiten, denn an dem Fatalismus festzuhalten ist ein großes Unheil für das Reich, weswegen ihn auch Meister Mo Ti verurteilte.

GEGEN DIE SCHICKSALSGLÄUBIGKEIT III

Meister Mo Ti sagte: Um eine Aussage zu machen, muß man unbedingt vorher eine Urteilsregel aufstellen, bevor man sich äußert; denn wenn man sich äußert, ohne zuvor eine Urteilsregel festgesetzt zu haben, so ist das, wie wenn man auf einer sich drehenden Töpferscheibe die Richtungen von Sonnenaufgang und Sonnenuntergang bestimmen wollte. Ich meine, daß selbst ein so offenkundiger Unterschied wie der zwischen Sonnenaufgang und Sonnenuntergang auf eine solche Weise nicht auszumachen ist. Deshalb muß jede Aussage drei Kriterien genügen. Welches sind diese drei Kriterien? Die Prüfbarkeit (*k'ao*), die Begründbarkeit (*yüan*) und die praktische Anwendbarkeit (*yung*).[110] Worin besteht die Prüfbarkeit? – In der Prüfung der Handlungen der heiligen großen Könige des Altertums. Worin die Begründbarkeit? – In der Untersuchung der sinnlichen Wahrnehmungen der Menge. Und worin besteht die Anwendbarkeit? – In der Anwendung bei der Regierung des Staates und der Prüfung der offenbaren Auswirkungen auf die Masse des Volkes. Dies sind die drei Kriterien.

Als die heiligen Könige der drei Dynastien des Altertums, Yü, T'ang, Wen und Wu über das Reich regierten, sagten sie: »Wir müssen die pietätvollen Söhne fördern und ermuntern und sie anspornen, ihren Eltern zu dienen, und wir müssen die tugendhaften und guten Menschen ehren und sie lehren, Gutes zu tun.« Und entsprechend führten sie ihre Regierung, gaben Belehrungen heraus und belohnten die Guten und bestraften die Schlechten. Da sie so handelten, konnten sie, wo Unordnung in der Welt herrschte, Ordnung stiften und die Gefahren für die Landesgötter bannen.

Wenn jemand daran zweifeln sollte, so läßt sich ihm entgegnen: Die Unordnung, die einst unter Chieh herrschte, wurde von T'ang beigelegt, und König Wu beendete die Unordnung unter Chou. Damals war nicht ein anderes Zeitalter angebrochen und auch das Volk hatte sich nicht gewandelt, sondern indem die Oberen ihre Regierungsweise änderten, änderte auch das Volk seine Verhaltensweisen. So herrschte unter Chieh und Chou Unordnung in der Welt, doch unter T'ang und Wu wurde Ordnung hergestellt. Daß das Reich wohlgeordnet war, war ein Verdienst der Bemühungen von T'ang und Wu, und daß es zuvor in Unordnung war, war die Schuld von Chieh und Chou. Betrachtet man dies, so hingen Sicherheit und Gefahr, Ordnung und Unordnung von der Regierungsführung der Oberen ab. Wie kann man da behaupten, es gäbe ein Schicksal?

Als Yü, T'ang, Wen und Wu das Reich regierten, sagten sie: »Wir müssen unbedingt den Hungrigen Nahrung, den Frierenden Kleidung, den Erschöpften Erholung und den Verwirrten Ordnung verschaffen.« So erlangten sie Ruhm und Lob im Reiche. Wie kann man das für Schicksal halten, wo es doch nur ihren eigenen Bemühungen entsprang? – Wenn heute die guten und vortrefflichen Menschen die Tugendhaftigkeit ehren und die Wege und Methoden, die der Welt nützen, lieben, dann erhalten sie von den Oberen, den Königen, Fürsten und hohen Beamten Belohnungen und von der Bevölkerung werden sie gepriesen, und ihr Ruhm und Ansehen verbreitet sich im ganzen Reiche. Wie kann man das für Schicksal halten, wo es sich doch nur um das Ergebnis ihrer Bemühungen handelt?

Doch heute weiß man nicht, ob die heiligen und guten Männer oder die frevelhaften und unwürdigen Männer der drei Dynastien des Altertums Fatalisten waren. Wenn man von ihren Reden ausgeht, können es bestimmt nicht die vorbildlichen, guten Männer der drei Dynastien des Altertums, sondern nur die frevelhaften und unwürdigen jener Zeit gewesen sein. Jene, die heute an ein Schicksal glauben, sind wie die verbrecherischen und frevlerischen Könige der drei Dynastien des Altertums, Chieh, Chou, Yu und Li.

Diese hatten die Würde eines Himmelssohnes und verfügten über das ganze Reich. Doch sie konnten nicht die Begierden ihrer Sinne zügeln, sondern gaben sich ihren Leidenschaften hin. Draußen fuhren sie auf Wagen, und sie jagten und stellten Fallen, drinnen gaben sie sich ganz dem Wein und der Musik hin. Sie sorgten sich nicht um die Regierung des Staates und der Bevölkerung, sondern taten vorwiegend Nutzloses. Sie unterdrückten das Volk und verloren schließlich ihre Ahnentempel. Doch daraufhin sagten sie nicht etwa: »Wie schlecht und unwürdig bin ich! Bei der Besorgung der Regierungsgeschäfte habe ich mich nicht bemüht!« Vielmehr sagten sie: »Es war eben mein Schicksal, das alles zu verlieren.«

Auch die schlechten und unwürdigen Leute zur Zeit der drei Dynastien des Altertums waren so. Sie vermochten nicht, ihren Eltern und Fürsten Gutes zu tun und ihnen zu dienen, sondern sie verabscheuten Ehrfurcht und Mäßigung und liebten ein ungeordnetes leichtes Leben. Sie sannen nur auf Essen und Trinken und mieden es, ihre Arbeiten zu verrichten. So wurden die Mittel für Essen und Kleidung knapp, und infolgedessen hatte man unter Hunger und Kälte, Nahrungsmangel und Frost zu leiden. Auch sie sagten nicht: »Wie schlecht und unwürdig bin ich; ich habe mich nicht bemüht, meine Pflichten zu erfüllen.« Sondern sie sagten: »Es ist eben mein Schicksal so arm zu werden.« So waren die elenden Leute unter den drei Dynastien des Altertums. Die frevlerischen Könige brachten einst diese Lehre auf, und das verarmte Volk folgte ihnen. Sie alle säten Zweifel bei der Menge und hemmten sie in ihrer Tätigkeit.[111]

Bereits die früheren vorbildlichen Könige litten sehr darunter. Daher ließen sie es auf Bambus und Seide schreiben, auf Gold und Steine ritzen und in Teller und Schalen eingravieren, um es dadurch ihren Nachkommen zu übermitteln. In welchen Büchern steht das? In dem *Tsung-te* des Yü[112] heißt es: »Wenn jemand sein Versprechen nicht hält, dann kann selbst der Himmel keinen Schutz mehr geben. Hat man den verderblichen Stern berührt, wird der Himmel seine Strafe senden. Wie kann das himmlische Schicksal den schützen, der nicht um seine Tugend besorgt ist?« – In der *Erklärung des Chung Hui* heißt es: »Ich habe gehört, daß der Mann von Hsia unter dem Vorwand, es handele sich um Befehle des Himmels, seine Anordnungen erließ. Shang-ti war darüber erzürnt und zerstörte seine Truppen.« – Er machte Gebrauch von etwas, das nicht vorhanden war, als sei es vorhanden. Daher der Ausdruck »Vorwand«. Hätte er etwas wirklich Vorhandenes als vorhanden bezeichnet, wie könnte man da von »Vorwand« sprechen? Einst handelte Chieh so als gäbe es ein Schicksal, und dies verurteilte T'ang in der *Erklärung des Chung Hui*.

In der *Großen Erklärung* heißt es: »Da sprach der Kronprinz Fa[113]: »Oh, Ihr Edlen, des Himmels Tugend ist leuchtend, und klar ist sein Wirken.[114] Nach einem Beispiel braucht man nicht lange zu suchen; es findet sich schon mit dem König von Yin.[115] Er sagte, jeder Mensch habe sein eigenes Schicksal, Ehrfurcht lohne sich nicht, Opfer nützten nicht und Schlechtigkeit schade nicht. Shang-ti wendet sich ab und die Neun Provinzen gehen verloren. Shang-ti stimmt dem nicht zu und sendet Unheil auf ihn herab. Unser Chou übernimmt das Reich der Shang[116].« – Chou glaubte an das Schicksal und verhielt sich entsprechend, und König Wu verurteilte dies in der *Großen Erklärung*. Warum geht man nicht auf die alten Berichte von Yü, Hsia, Shang und Chou zurück, wo man sieht, daß sich in keinem von ihnen eine Erwähnung von der Existenz eines Schicksals findet? Wie kann man das erklären?

Meister Mo Ti sagte: Die Gelehrten und Edlen des Reiches sollten heute gelehrte Äußerungen und Diskussionen nicht nur führen, um ihre Stimme und ihre Zungenfertigkeit zu trainieren und ihre Lippen zu üben, sondern es sollte ihnen auch an der Rechtspflege und Regierung der Bevölkerung in den Städten und Ortschaften des Staates gelegen sein. Wenn heutzutage Könige, Fürsten und hohe Beamte schon frühmorgens zum Hofe gehen und erst abends heimkehren, wenn sie über Rechtsstreitigkeiten sitzen und die Verwaltung den ganzen Tag über führen und nicht wagen, zu ruhen und nachlässig zu sein, warum ist das dann so? Sie sind der Auffassung, daß nur durch starken Einsatz die Ordnung gewährleistet wird und daß ohne diesen Einsatz mit Sicherheit alles ins Chaos stürze; daß nur dieser starke Einsatz Sicherheit gewährleisten, sein Fehlen aber Gefahren mit sich bringen würde. Daher wagen sie nicht, nachlässig zu sein. Wenn die Minister und hohen Beamten die ganze Kraft ihres Leibes einsetzen und ihr Wissen und Können erschöpfen, wenn sie im Inneren die Ämter verwalten und draußen an Toren, auf Märkten, in Bergen und Wäldern, an Seen und Fischgründen die Abgaben eintreiben, um den Staatsschatz zu füllen, und sie nicht wagen, nachlässig zu sein, was ist dann der Grund dafür? Sie sind der Meinung, daß man durch tatkräftigen Einsatz vornehm, ohne ihn aber nur gering ist, daß man sich nur durch Einsatz Ruhm, ohne diesen aber nur Schande erwirbt. Deshalb wagen sie nicht, nachlässig zu sein. Wenn die Bauern schon früh hinausgehen und erst bei der Dämmerung heimkommen, wenn sie mit ganzem Eifer pflügen, säen und pflanzen, um möglichst viel Bohnen und Hirse zu ernten, und sie nicht wagen, träge zu sein, was ist der Grund dafür? Weil sie der Auffassung sind, daß sie Wohlstand nur durch Eifer erlangen, ohne Eifer aber arm bleiben, daß sie durch Eifer reichlich zu essen haben, ohne Eifer aber Hunger leiden müßten, deshalb wagen sie nicht, nachlässig zu sein. Und wenn die Frauen früh morgens aufstehen und sich erst in der Nacht zur Ruhe legen, wenn sie emsig spinnen und weben, um möglichst viel Hanf und Seide zu produzieren und Stoffe daraus zu weben, und nicht wagen, nachlässig zu sein, was ist dann der Grund dafür? Weil sie der Auffassung sind, daß sie Wohlstand nur durch Eifer erlangen, ohne Eifer aber arm bleiben, und daß sie es durch diesen Eifer warm haben, ohne ihn aber frieren müßten, deshalb wagen sie nicht, nachlässig zu sein.

Wenn sie nun an das Schicksal glauben und sich entsprechend verhalten würden, dann würden die Könige, Fürsten und hohen Herren bestimmt nachlässig über Streitfälle Gericht sitzen und die Verwaltung führen, und ebenso würden die Minister und hohen Beamten bei der Erledigung ihrer Amtsgeschäfte, die Bauern beim Pflügen, Säen und Pflanzen und die Frauen beim Spinnen und Weben nachlässig sein. Wenn die Könige, Fürsten und hohen Herren beim Anhören von Rechtsstreitigkeiten und die Minister und hohen Beamten bei der Erledigung ihrer Amtsgeschäfte nachlässig sind, dann wird meiner Ansicht nach das Reich bestimmt in Unordnung geraten. Wenn die Bauern beim Pfügen, Säen und Pflanzen und die Frauen beim Spinnen und Weben nachlässig sind, dann, so glaube ich, werden die Mittel für Kleidung und Nahrung nicht ausreichen. Und würde man nun diesen Schicksalsglauben auf die Regierung des ganzen Reiches ausdehnen, dann hätten oben der Himmel und die Geister an den ihnen dargebrachten Diensten keine Freude mehr, und wollte man das Volk damit ernähren, so hätte es keinen Nutzen davon. Es würde sich vielmehr zerstreuen und nicht mehr für Dienste zur Verfügung stehen. Dann würde innen die Verteidigung nicht stark und nach außen hin würden Feldzüge nicht siegreich sein. – Das, wodurch die verbrecherischen Könige der drei Dynastien, Chieh, Chou, Yu und Li, ihr Land verloren und die Tempel ihrer Landesgötter zerstörten, war eben diese Lehre.

Daher sagte Meister Mo Ti: Wenn die Gelehrten und Edlen im Reiche heute wirklich dem Reiche nützen und Schaden von ihm wenden wollen, dann müssen sie unbedingt mit aller Entschiedenheit die Lehren der Fatalisten zurückweisen. Denn das Schicksal ist eine Erfindung der verbrecherischen Könige, denen das verelendete Volk folgte. Es ist nicht die Lehre der Menschlichen. Daher müssen heute die Tugendhaften und Rechtschaffenen diese Lehre unbedingt prüfen und mit aller Entschiedenheit zurückweisen.

GEGEN DIE KONFUZIANER[117]

Die Konfuzianer sagen: »Für das Verhalten gegenüber Verwandten gibt es Vorschriften, und für die Respektbezeugung gegenüber ausgezeichneten Personen gibt es Abstufungen.«[118] Sie sprechen von Unterschieden, die zwischen nahen und entfernten Verwandten und zwischen ehrbaren und gewöhnlichen Personen zu machen seien. In ihren Ritenvorschriften heißt es: »Die Trauerfrist für Vater und Mutter beträgt drei Jahre, für die Ehefrau und den ältesten Sohn ebenfalls drei Jahre, für die Brüder des Vaters oder einen eigenen Bruder sowie einen der jüngeren Söhne ein Jahr und für sonstige nahe Verwandte fünf Monate.« Wenn die Zahl der Trauerjahre und -monate sich nach dem Grad der Verwandtschaft richtet, dann muß man um die nahen Verwandten eine lange Zeit und um die entfernten Verwandten eine kurze Zeit trauern. Danach behandelt man die Gattin und den ältesten Sohn dem Vater gleich. Wenn aber die Zahl der Jahre und Monate sich nach dem Grad der Ehrbarkeit richtet und man dennoch seine Gattin und seinen Sohn genauso wie seinen Vater und seine Mutter ehrt, während man die Brüder des Vaters und die eigenen Brüder mit den eigenen jüngeren Söhnen gleichstellt, was könnte widersprüchlicher sein?[119]
Wenn der Vater gestorben ist, bahren sie den Leichnam für eine lange Zeit auf, bevor sie ihn einkleiden; sie steigen auf das Dach, schauen in den Brunnen hinab, stochern in den Rattenlöchern und prüfen die Waschgefäße, um nach dem Verstorbenen zu suchen. Wenn sie annehmen, daß er

wirklich noch existiert, dann ist das der Gipfel der Torheit, doch wenn sie wissen, daß er nicht mehr da ist, und doch nach ihm suchen, so ist das der größte Selbstbetrug!
Wenn sich ein Konfuzianer eine Frau nimmt, dann holt er sie persönlich ab. Dabei trägt er vorschriftsmäßige Kleidung und verhält sich wie sein eigener Diener, indem er die Zügel führt und ihr die Kordel zum Einsteigen in den Wagen reicht, so als geleite er seinen gestrengen Vater. Die Trauungszeremonien werden mit einer solchen Steifheit ausgeführt, als handele es sich um die Darbringung der Ahnenopfer. Oben und Unten werden verkehrt und Vater und Mutter geradezu beleidigt; denn sie werden auf die Stufe der Braut herabgesetzt, während die Braut wie die Eltern verehrt wird. Wie kann ein solches Verhalten pietätvoll genannt werden?
Die Konfuzianer verteidigen das, indem sie sagen: »Man nimmt sich eine Frau, damit sie später für die Ahnenopfer sorgt, und der Sohn wird bald den Ahnentempel unterhalten. Deshalb werden sie so geehrt.« Doch dem ist zu entgegnen, daß es einfach falsch und irreführend ist. Es kann vorkommen, daß der Onkel oder der ältere Bruder eines Mannes den Ahnentempel zunächst für mehrere Jahrzehnte unterhält, doch wenn sie sterben, werden die Konfuzianer nur ein Jahr um sie trauern. Oder die Frauen seiner Brüder mögen die Ahnenopfer besorgen, doch wenn sie sterben, wird man überhaupt nicht um sie trauern. Daraus wird doch offenbar, daß die Konfuzianer nicht deshalb um die Gattin und den älteren Sohn drei Jahre trauern, weil diese die Ahnenopfer besorgen. Aus Liebe zu ihrer Gattin und ihrem Sohn haben sie so großes Leid

zu ertragen, und die Konfuzianer behaupten dann auch noch, sie täten es ihren Eltern zu Ehren. Nur um ganz ihren privaten Neigungen zu folgen, vernachlässigen sie, was sie am meisten ehren sollten. Ist das nicht der Gipfel an Perversion?

Und jene, die hartnäckig am Glauben an ein Schicksal festhalten, sagen auch noch: »Langes Leben oder früher Tod, Armut oder Reichtum, Sicherheit oder Gefährdung, Ordnung oder Chaos, dies alles ist durch das himmlische Schicksal bestimmt und läßt sich nicht ändern. Mißerfolg und Erfolg, Belohnungen und Strafen, Glück und Unglück sind bereits festgelegt, und menschliche Klugheit oder Kraft kann nichts daran ändern.« Wenn alle Beamten daran glauben, dann werden sie nachlässig in der Ausübung der ihnen zugewiesenen Amtspflichten, und wenn die einfachen Leute daran glauben, dann werden sie ihren Pflichten nicht mehr mit Eifer nachkommen. Wenn die Beamten die Regierungsgeschäfte nicht mehr ordentlich versehen, dann hat das Unordnung zur Folge, und wenn die Landwirtschaft vernachlässigt wird, wird Armut eintreten. Armut aber ist die Wurzel für ungeordnete Verhältnisse. Doch die Konfuzianer halten die Lehre vom Schicksal für die wahre Lehre. Sie sind es, die den Menschen im Reiche Unheil bringen!

Mit ihren verfeinerten äußerlichen Riten und der Musik verführen sie die Menschen, und durch lange Trauer und mit geheucheltem Schmerz täuschen sie ihre Eltern. Sie führen das Schicksal ein und nehmen Armut überhaupt nicht zur Kenntnis, während sie selbst auf großem Fuß leben. Sie wenden sich ab von den Grundprinzipien und

vernachlässigen ihre Aufgaben, während sie ihren Müßiggang und ihren Stolz pflegen. Sie sind gierig nach Essen und Trinken, sind zu träge zum Arbeiten, und selbst wenn sie Hunger und Kälte zu erleiden haben, werden sie doch ihren Weg nicht aufgeben. Sie verhalten sich wie Bettler, sammeln wie die Hamster, blicken wie junge Böcke und laufen umher wie kastrierte Schweine. Und wenn ein Edler über sie lacht, dann sagen sie verärgert: »Was weißt Du Müßiggänger schon über gute Konfuzianer!«
Im Sommer betteln sie um Getreide, und wenn die fünf Feldfrüchte eingebracht sind, dann schließen sie sich großen Trauerfeierlichkeiten an, gefolgt von allen ihren Söhnen und Enkeln, und so erhalten sie reichlich zu essen und zu trinken. Wenn sie so einigen Trauerfeierlichkeiten beigewohnt haben, haben sie vollauf genug. Sie mästen sich auf Kosten anderer Familien und verdanken ihre geehrte Stellung den Felderzeugnissen der anderen. Wenn in einer reichen Familie ein Todesfall eintritt, dann freuen sie sich sehr, weil sie sagen, daß dies wieder eine Gelegenheit ist, zu Kleidung und Nahrung zu kommen.
Die Konfuzianer sagen: »Der Edle muß die Kleider der Alten tragen und ihre Sprache sprechen, um als tugendhaft angesehen werden zu können.« Darauf läßt sich erwidern, daß die Sprache und die Kleidung der Alten einst auch einmal neu waren, und die Alten, die so redeten und sich so kleideten, waren demnach auch keine Edlen. Müssen wir also die Kleidung von Leuten tragen, die keine Edlen waren, und ihre Sprache sprechen, um als tugendhaft gelten zu können?
Ferner sagen die Konfuzianer: »Der Edle folgt nach und

erfindet nicht selbst.«[120] Darauf läßt sich erwidern, daß im Altertum I den Bogen erfand[121], Yü den Panzer[122], Hsichung den Wagen[123] und der geschickte Ch'ui das Boot.[124] Sind also heute Gerber, Rüstungsschmiede, Wagner und Zimmerleute alle Edle, während I, Yü, Hsi-chung und der geschickte Ch'ui bloß ganz gewöhnliche Menschen waren? Außerdem: Jemand muß doch auch die Wege, denen die Konfuzianer folgen, eingeführt haben, so daß sie mithin dem Weg eines gewöhnlichen Menschen folgen.

Ferner sagen die Konfuzianer: »Wenn der Edle im Kampf siegreich ist, verfolgt er die fliehenden Feinde nicht; wenn sie ihre Panzerungen verloren haben, schießt er nicht auf sie. Und wenn ihnen ein Wagen umgestürzt ist, dann hilft er ihn wieder aufzurichten.« Darauf läßt sich erwidern, daß, wenn beide Seiten tugendhaft sind, sie keinen Grund haben, sich gegenseitig zu bekriegen. Tugendhafte Menschen teilen einander die Prinzipien mit, nach denen sie etwas vorziehen und etwas für wahr oder verwerflich halten. Jene Seite, die keine Gründe vorbringen kann, folgt der Seite, die Gründe hat; und jene, die nichts weiß, folgt der wissenden. Ohne Einwand ordnet sie sich der Meinung der anderen unter, und sieht sie Gutes, läßt sie sich davon überzeugen. Welchen Grund hätten sie da, sich zu bekriegen? – Und wenn beide streitenden Parteien schlecht sind, dann wird auch der Sieger unter ihnen, selbst wenn er den fliehenden Gegner nicht verfolgen oder auf den ungepanzerten nicht schießen will, sondern dessen umgestürzten Wagen noch aufzurichten hilft, dann also wird dieser, selbst wenn er sich noch so abmüht, dies zu tun, doch niemals als Edler gelten können.

Angenommen, es gebe einen verderbten tyrannischen Staat. Ein Weiser würde versuchen, dies Unheil aus der Welt zu schaffen, und er höbe ein Heer aus, um damit zu strafen. Wenn er dann den Sieg errungen hat, würde er entsprechend den konfuzianischen Vorschriften seine Soldaten anweisen: »Verfolgt keine Fliehenden, schießt nicht auf Ungeschützte, und wenn ein Wagen umgestürzt ist, dann helft ihnen, diesen wieder aufzurichten.«[125] Dann würden die verderbten und zügellosen Leute mit dem Leben davonkommen, doch die Welt würde von dem Unheil nicht befreit sein. Vielmehr brächte man damit Verderben über seine Eltern und seiner Zeit großes Unheil. Es gäbe keine größere Ungerechtigkeit![126]
Ferner sagen die Konfuzianer: »Der Edle ist wie eine Glocke; schlägt man sie, tönt sie, schlägt man sie nicht, tönt sie nicht.« Darauf läßt sich erwidern, daß der Tugendhafte seinen Oberen mit der äußersten Loyalität und seinen Eltern in uneingeschränkter Pietät dient. Wenn diese gute Taten begehen, lobt er sie, und wenn sie einen Fehler machen, dann ermahnt er sie. Dies ist der Weg eines Untertanen. Doch wenn er nur tönt, wenn er angeschlagen wird, und sonst still bleibt, dann verbirgt er sein Wissen und schont seine Kräfte, verharrt in dumpfem Schweigen und redet erst, wenn er gefragt wird. Und selbst wenn es um einen großen Vorteil für den Fürsten oder die Eltern geht, äußert er sich nicht, wenn er nicht gefragt wird. Selbst wenn ein großer Aufstand bevorsteht, Diebe und Räuber ihr Unwesen zu treiben beginnen oder irgendwelche dunkle Machenschaften zu befürchten sind und keiner außer ihm selbst davon weiß, wird er, selbst wenn er sich in der

Nähe seines Fürsten oder seiner Eltern aufhält, ungefragt kein Wort darüber verlieren. Ein solcher ist der größte Landesverräter! Als Untertan ist er nicht loyal, als Sohn nicht pietätvoll. Gegenüber seinen älteren Brüdern ist er nicht respektvoll, und im Umgang mit anderen Menschen ist er unlauter.

Die Konfuzianer sind für das Hinausschieben und reden erst, wenn sie gefragt werden, es sei denn, sie sehen einen Vorteil für sich selbst darin. Und dies, obgleich sie befürchten müssen, daß der Fürst bei verspäteter Mitteilung keinen Vorteil mehr davon hat, so daß sie dann die Arme heben, zu Boden blicken, schweigen und dann mit ganz leiser Stimme sagen, sie verstünden von der ganzen Sache nichts, und obgleich es sehr eilig sei, solle man sich doch nicht falsch verhalten.[127]

Jede Lehre und jede Erziehung, Menschlichkeit und Rechtschaffenheit dienen im Großen zur Regierung der Menschen und im Kleinen dazu, einen für ein Amt zu befähigen. Nach außen hin muß man sie in der ganzen Welt verbreiten und innen dienen sie zur Kultivierung der eigenen Person. Man verhält sich nicht unrechtschaffen und tut nichts, was nicht im Einklang mit den Prinzipien ist. Man setzt sich ein, um direkt und indirekt den Nutzen für das Reich zu mehren, und man vermeidet, was ihm nicht nützt. Dies ist der Weg des Edlen. Doch das, was wir über das Verhalten des Konfuzius gehört haben, war dem gerade entgegengesetzt.

Herzog Ching von Ch'i fragte Meister Yen: »Was für ein Mann ist Konfuzius?«[128] Meister Yen gab keine Antwort. Der Herzog fragte wieder, doch wieder gab Meister Yen

keine Antwort. Da sagte der Herzog Ching: »Viele Menschen haben mir gegenüber von Konfuzius gesprochen, und alle hielten sie ihn für einen Weisen. Warum antwortest Du nicht auf meine Frage?« – Meister Yen sagte daraufhin: »Ich bin nichtswürdig und unfähig, einen Weisen zu erkennen. Doch ich habe sagen hören, daß ein Weiser, wenn er in ein Land kommt, für eine einträchtige Beziehung zwischen dem Fürsten und seinen Untertanen arbeitet und Groll zwischen oben und unten zu beseitigen sucht. Doch als Konfuzius in den Staat von Ching kam, da erkannte er, daß der Herzog von Po einen Aufstand plante, und doch unterstützte er ihn durch Shih Ch'i. Der Fürst kam dabei fast ums Leben und der Herzog von Po wurde entehrt.[129] Auch habe ich gehört, daß ein Weiser, der das Vertrauen des Fürsten erlangt, diesen nicht betrügt, und wenn er das Vertrauen der Untergebenen erlangt, bringt er diese nicht in Gefahr. Hört der Fürst auf seine Worte, dann nützt das dem Volk, und wenn sich das Volk nach seinem Rat richtet, dann nützt das dem Fürsten. Seine Worte sind klar und leicht zu verstehen, seine Handlungen sind klar und leicht nachzuahmen. Sein Verhalten und seine Rechtschaffenheit erleuchten das Volk und seine Pläne und Gedanken geben dem Fürsten und seinen Ministern Einsicht.
Nun hat Konfuzius mit ausgefeilten Plänen und durchdachten Gedanken Verrätern gedient, und er hat seinen Verstand bemüht und seine ganzen Kenntnisse aufgeboten, um Verwerfliches zu begehen. Untertanen zu ermuntern, gegen ihre Oberen zu rebellieren, und Beamte zu lehren, ihren Fürsten zu ermorden, das ist nicht das Verhalten eines Weisen. In einen Staat zu kommen und sich mit den

Rebellen zusammenzutun, das hat nichts mit Rechtschaffenheit zu tun. Zu erkennen, daß Leute nicht loyal sind, und sie dann noch zur Rebellion anzustacheln, das ist nicht in Übereinstimmung mit Menschlichkeit und Rechtschaffenheit. Sich vor anderen zu verstecken und nachher dann aufrührerische Pläne zu schmieden, vor anderen zu fliehen und nachher dann zu reden, das entspricht nicht dem Verhalten eines Weisen und der Rechtschaffenheit, die das Volk aufklärt, noch sind dies Pläne und Gedanken, die dem Fürsten und seinen Ministern Einsicht geben könnten. Daher weiß ich nicht, ob sich Konfuzius von dem Herzog von Po unterscheidet. Und dies ist auch der Grund, warum ich nicht antwortete.« – Herzog Ching sagte daraufhin: »In der Tat, Du hast mir einen sehr großen Dienst erwiesen. Denn ohne Dich hätte ich selbst niemals erkannt, daß Konfuzius mit dem Herzog von Po auf gleicher Stufe steht.«

Konfuzius ging nach Ch'i, um den Herzog Ching zu sehen. Der Herzog Ching war sehr erfreut und wollte ihm ein Lehen in Ni-ch'i geben. Er teilte dies Meister Yen mit, und dieser wandte ein: »Das geht nicht! Die Konfuzianer sind arrogant und selbstgefällig, und sie sind nicht in der Lage, ihre Untertanen richtig zu unterweisen. Sie lieben Musik und verleiten andere, und sie vermögen nicht, an der Regierung teilzuhaben. Sie behaupten, es gäbe ein Schicksal, sind daher müßig in der Ausführung ihrer Pflichten, und sie können daher kein Amt verwalten. Sie nehmen die Trauer sehr wichtig und dehnen die Trauerzeiten aus, so daß sie nicht angemessen für das Volk sorgen können. Sie tragen sonderbare Tracht und sind unterwürfig in ihrem

Gebaren und daher nicht in der Lage, die Massen zu führen. Mit seinem ausgesuchten Gebaren und seinem Hang zu Verfeinerungen vergiftet Konfuzius die Welt. Mit Zitherspiel, Gesang, Trommeln und Pantomimen sucht er Anhänger zu gewinnen. Mit einer Vielzahl von Vorschriften für das Herauf- und Herabsteigen von Stufen legt er das Zeremoniell fest, und mit seiner Betonung des fliegenden Ganges will er der Menge ein Schauspiel geben.[130] Die umfangreiche Lehre der Konfuzianer können wir nicht zur Norm für unsere Zeit machen, und ihr ausgeklügeltes Denksystem ist keine Hilfe für das Volk. Man könnte mehrere Leben leben und würde doch nicht ihr ganzes Lehrsystem erschöpfend erfassen, und selbst in seinen besten Jahren vermag man nicht, alle Riten auszuführen. Und auch mit dem größten Reichtum lassen sich nicht die Unkosten für ihre Vergnügungen bestreiten. Mit all ihren Verfeinerungen und falschen Praktiken betören sie die Fürsten ihrer Zeit, und mit ihren aufwendigen Musikfesten verleiten sie das törichte Volk. Ihre Grundsätze dürfen in unserer Zeit nicht angewandt werden, und ihre Lehren dürfen nicht Richtschnur für die Massen sein. Wenn jetzt der Fürst Konfuzius belehnte, um die Sitten der Leute von Ch'i zu ändern, dann gäbe es nichts mehr, womit er den Staat leiten und dem Volke vorangehen könnte.«

Der Herzog sagte: »Sehr gut.« Daraufhin behandelte er Konfuzius zwar mit ausgesuchter Höflichkeit, doch die Belehnung hielt er zurück. Mit Ehrerbietung empfing er ihn, doch er fragte ihn nicht nach seiner Lehre.

Konfuzius war daraufhin sehr verärgert und zürnte dem Herzog Ching und Meister Yen, und er überredete Ch'ih-i

Tzu-p'i, sich dem T'ien Ch'ang anzuschließen. Dann eilte er, nachdem er noch Meister Hui von Nan-kuo mitgeteilt hatte, was er ausgeführt zu haben wünschte, nach Lu zurück.[131] Kurze Zeit später hörte man davon, daß Ch'i einen Angriff auf Lu plane. Da sagte Konfuzius zu seinem Schüler Tzu-kung: »Tz'u[132], jetzt ist die Zeit für die große Unternehmung gekommen.« Daraufhin sandte er Tzu-kung nach Ch'i, wo dieser, durch Vermittlung des Meister Hui von Nan-kuo, von T'ien Ch'ang empfangen wurde. Er ermunterte diesen, Wu statt Lu anzugreifen. Auch unterrichtete er Kao-kuo Pao-yen, nichts gegen den Aufstandsplan des T'ien Ch'ang zu unternehmen, und ermunterte ebenso Yüeh, Wu anzugreifen. Drei Jahre lang drohte Ch'i und Wu der Untergang, und die Leichen türmten sich in unermeßlicher Zahl. Dies war die Rache des Konfuzius.

Als Konfuzius Justizminister in Lu war, verließ er das herzogliche Haus und unterstützte Chi Sun. Chi Sun war Kanzler des Fürsten von Lu, doch er verließ seinen Posten, und als er mit den Leuten in der Stadt stritt, daß sie ihm das Tor öffneten, da hob Konfuzius für ihn den Torbalken empor.

Als Konfuzius zwischen Ts'ai und Ch'en in Schwierigkeiten geriet, lebte er für zehn Tage von nichts als Kräutersuppe. Da briet Tzu-lu ein Ferkel für ihn, und Konfuzius aß das Fleisch und fragte nicht, woher es komme. Tzu-lu nahm auch jemandem sein Kleid weg und setzte es in Wein um, und Konfuzius trank den Wein, ohne nach dessen Herkunft zu fragen. Doch als Herzog Ai von Lu ihn empfing, setzte sich Konfuzius nicht, wenn die Matte nicht richtig lag, und er aß nichts von dem Fleisch, wenn es nicht rich-

tig geschnitten war.¹³³ Da kam Tzu-lu zu ihm und fragte:
»Warum tust Du jetzt gerade das Gegenteil von dem, was
Du zwischen Ts'ai und Ch'en tatest?« Konfuzius sagte darauf: »Komm' her, ich will es Dir sagen. Damals hatten
wir unser Leben zu erhalten; heute müssen wir uns vor
allem rechtschaffen verhalten.« Wenn er hungerte und in
Not war, zögerte Konfuzius also nicht, irgendetwas einfach an sich zu bringen, nur um sein Leben zu erhalten;
war er aber gesättigt, legte er eine Scheinheiligkeit an den
Tag, um selbst besonders kultiviert zu erscheinen. Gibt es
etwas Widerwärtigeres und Scheinheiligeres?

Einst, als Konfuzius mit seinen Schülern zusammensaß,
sagte er: »Wenn Shun den Ku Sou erblickte, dann war ihm
unbehaglig zumute. Zu jener Zeit war das Reich in großer
Gefahr.¹³⁴ War etwa Tan, der Herzog von Chou, ein tugendhafter Mann? Warum verließ er sein Haus und zog
sich in die Einsamkeit zurück?«¹³⁵

So war das Verhalten des Konfuzius, und soweit brachten
ihn seine Begierden. Seine Anhänger und seine Schüler
suchten alle, ihn nachzuahmen. So halfen Tzu-kung und
Chi Lu dem K'ung Li, einen Aufstand in Wei anzuzetteln¹³⁶; Yang Huo putschte in Ch'i, und Pi Hsi schürte Unruhen in Chung-mou¹³⁷; Ch'i Ch'iao wurde hingerichtet.
Es gibt keine verwerflicheren Männer als diese.

Schüler und Anhänger folgen ihrem Lehrer, sie folgen seinen Lehren und nehmen sich sein Verhalten zum Vorbild.
Nur manchmal ist ihre Kraft nicht ebenbürtig und ihr
Wissen nicht gleich dem des Lehrers. Da sich Konfuzius
nun so verhielt, muß man die Konfuzianer mit dem größten Mitrauen betrachten.¹³⁸

LITERATURHINWEIS

Die bislang beste Text-Edition der Schriften Mo Tis ist *Mo-tzu chien-ku* von Sun I-jang (1848–1908), erstmals 1893 gedruckt. 1907 wurde eine verbesserte und durch ein Inhaltsverzeichnis und einen Anhang erweiterte Fassung dieser Edition herausgegeben. Diese Ausgabe kann als der krönende Abschluß der Bemühungen etlicher Gelehrter der Ch'ing-(Mandschu-)Dynastie (1644–1911) um eine kritische Wiederherstellung und Kommentierung des Textes bezeichnet werden. (s. dazu auch die *Einleitung* zu Mo Ti, Schriften Bd. 1, p. 44 f.)
Von Übersetzungen ins Japanische, die sich auch auf Sun I-jangs Edition stützten, einmal abgesehen, ist bis heute die erste und einzige vollständige Übersetzung der Schriften Mo Tis diejenige Alfred Forkes. *Me Ti, des Sozialethikers und seiner Schüler philosophische Werke*, Berlin 1922, (XIV, 638 S.). Der problematischste Teil dieser ausführlich kommentierten und mit einem umfangreichen Einleitungsteil versehenen Übersetzung sind die Kapitel zur Dialektik (Kap. 40–45). Die sicherlich bedeutsamste literarische Folge dieser Übersetzung Forkes sind die Prosatexte Bertolt Brechts, herausgegeben unter dem Titel *Me-ti, Buch der Wendungen*. Bereits im Jahre 1929 veröffentlichte Yi-Pao Mei eine Übersetzung der Schriften Mo Tis unter Ausschluß der Kapitel zur Dialektik und Stadtverteidigung als *The Ethical and Political Works of Motse*, London. Eine

Übersetzung einiger zentraler Kapitel legte 1963 Burton Watson unter dem Titel *Mo-tzu – Basic Writings*, Columbia Univ. Press, New York–London, vor.

Zu den Aussagen der Mohisten zur Logik und Optik sind von in westlichen Sprachen verfaßten Übersetzungen und Kommentaren an erster Stelle die Arbeiten A. C. Grahams zu nennen, die sich vorwiegend auf neuere Textbearbeitungen der fraglichen Kapitel durch chinesische Gelehrte stützen, wie Kao Hengs *Mo-ching chiao-ch'üan*, Peking 1958, Veröffentlichungen T'an Chieh-fus und Ts'en Chungmiens.

Fung Yu-lan, dessen Philosophiegeschichte von 1931 in der Übersetzung Derk Boddes unter dem Titel *A History of Chinese Philosophy* 1937 ff. erschien, beschäftigt sich im Kapitel 5 mit Mo Ti und den frühen Mohisten und im Kapitel 11 mit den späteren Mohisten und ihren Gedanken zur Logik. Eine kurzgefaßte Darstellung desselben Autors findet sich in seiner *Short History of Chinese Philosophy*, 1948. Mit den mohistischen Schriften, in denen sich protowissenschaftliche Gedanken finden, beschäftigt sich Joseph Needham in seinem Werk *Science and Civilisation in China*, Vol. II, Cambridge 1956. Die erste umfangreichere Studie zu diesen Texten in einer westlichen Sprache ist die Schrift Hu Shihs gewesen, *The Development of the Logical Method in Ancient China*, Shanghai 1922, p. 53–130. Ferner sind zu nennen: Yi-Pao Mei, *Motse, The Neglected Rival of Confucius*, London 1934; A. Forke, *Geschichte der alten chinesischen Philosophie*, Hamburg 1927; Erich Steinfeld, *Die sozialen Lehren der altchinesischen Philosophen Mo-tzu, Meng-tzu und Hsün-tzu*, Berlin 1971.

MO TI UND BERTOLT BRECHTS
»BUCH DER WENDUNGEN«

Bei der Sichtung von Bertolt Brechts Werk findet man an zahlreichen Stellen Hinweise auf seine Beschäftigung mit chinesischem Denken. Sie findet ihren Niederschlag in der Skizze *Verfremdungseffekte in der chinesischen Schauspielkunst*[139], dem Zyklus *Chinesische Gedichte*[140], der Parabel vom *Guten Mensch von Sezuan*[141]. Auch durch Hanns Eisler, den Exilgefährten, wissen wir, daß sich Brecht eingehend mit Konfuzius und dem Tao te king des Laotse beschäftigt hat. Wohl aber die intensivste Auseinandersetzung gilt Mo Ti, dessen Lehren und Lebensregeln, auf Brecht'sche Art verfremdet und gleichzeitig nutzbar gemacht, in dem Buch *Me-ti, Buch der Wendungen*[142] niedergelegt wurden. So ist es fast verwunderlich, daß bisher noch keine Arbeit zum Thema *Bert Brecht und China* erschienen und erst kürzlich eine solche von Antony Tatlow in Aussicht gestellt worden ist.[143]

Dennoch scheint es angebracht, einige allgemeinere Anmerkungen zu Brechts Beschäftigung mit China vorauszuschicken, bevor wir uns den Zusammenhängen zwischen seinem Verhaltensbüchlein *Me-ti, Buch der Wendungen* und Mo Tis Lehren zuwenden. Hans Mayer schrieb einmal: »So sonderbar das klingen mag: Brechts Beschäftigung mit Latinität und Römerthemen machte es notwendig, die Poesie der Chinesen zu studieren.«[144] Der gemeinsame Zuordnungspunkt finde sich in dem, was später als

»Historisierung der darzustellenden Vorgänge« auf dem Theater bezeichnet wurde.[145] Und weiter schreibt Mayer: »Beim Studium der chinesischen Schauspielkunst lernte Brecht, daß auch die ›Gestik‹, daß die ganze szenische Aktion eines Schauspielers den Charakter des Zitats annehmen kann. In seiner ... Polemik gegen Konstantin Stanislawskijs Schauspielkunst der Einfühlung konnte Brecht den Tücken einer solchen schauspielerischen Identifikationskunst entgegenhalten: ›Der chinesische Artist kennt diese Schwierigkeiten nicht, er verzichtet auf die restlose Verwandlung. Von vornherein beschränkt er sich darauf, die darzustellende Figur lediglich zu zitieren. Aber mit welcher Kunst tut er das!‹ Die Bedeutung des Chinesischen im Werk Bertolt Brechts ist aber nicht auf solche Erfahrungen mit chinesischer Schauspielkunst beschränkt. In Kunst und Philosophie der Chinesen fand der Lernende jene ›Einheit des Pädagogischen und des Artistischen‹ verwirklicht, die er seit langem anstrebte. ... Bei den Chinesen glaubte Brecht diese Synthese nicht bloß als Ausnahme, sondern als Regel festzustellen.«[146]

Verbindungen zwischen Brecht und Ostasien lassen sich schon sehr früh nachweisen. So ist sein dialektisches Stück *Der Jasager* (1930/31) eine direkte Anlehnung an das von Arthur Waley übersetzte Nô-Stück *Tanikô*.[147] Seine erste Begegnung mit dem Drama im Nô-Stil hatte Brecht vermutlich im Jahre 1930 in der Aufführung von Paul Claudels *Christophe Colombe*.[148] Auch thematisch fand er im ostasiatischen Theater Anregungen. So basiert sein Stück *Der kaukasische Kreidekreis* auf Klabunds *Kreidekreis* (1925), der sich wiederum auf die von Wollheim da Fonseca (1876) besorgte deutsche Fassung von St. Juliens *L'Histoire du Cercle de Crai* (London 1832) stützte.[149] Und die politischen Ereignisse im China der 20er Jahre beschäftigten auch Brecht.[150]

Zur Aneignung chinesischer Thematik bei Brecht schreibt Tatlow: »Anders als bei Goethe entstand aus dem Verhältnis Brechts zu China eine wahre Assimilation, und das heißt Interpretation chinesischen Materials«. Den *Guten Menschen von Sezuan* zum Beispiel nehmend bemerkt er: »Er hat sich bekanntlich mit der Ausarbeitung des chinesischen Milieus sehr viel Mühe gegeben: dennoch handelt es sich eindeutig um ein europäisches Stück. Es ist auf oberflächliche Weise ›chinesisch‹. Kein Wasserverkäufer könnte jemals Chuang Tzu zitieren. Das Stück hat mit dem chinesischen Theater eigentlich nichts oder zumindest nicht viel zu tun. Gleichzeitig sind jedoch die Motive des Stückes sehr chinesisch. Menzius, zum Beispiel, trat für das Recht des einzelnen auf sein Glück ein und behauptete, daß der Mensch dazu gezwungen werden muß, Böses zu tun. Wir wissen, daß Brecht Menzius gelesen hat. Der Humanismus der chinesischen Philosophen hat zweifelsohne einen starken und nachhaltigen Eindruck auf ihn gemacht. Hierin liegt ein wesentlicher Grund für die Wahl des chinesischen Schauplatzes«.[151] Tatlow wäre entgegenzuhalten, daß Brecht sicher kein chinesisches Stück hatte schreiben wollen, und es wäre einer Überlegung wert, warum Brecht gerade den Wasserverkäufer Chuang Tzu zitieren läßt. Die Motive des Stücks seien sehr chinesisch, schreibt Tatlow. Brecht hat das bestimmt nicht beabsichtigt, sondern ihm schienen viele Motive sehr menschlich. Wie sonst läßt es

sich erklären, daß er in einem Epilog zu dem Stück schreibt:
»Zuschauer, wisse, die Hauptstadt von Sezuan
In der man nicht zugleich gut sein und leben kann
Besteht nicht mehr. Sie mußte untergehen.
Doch gibts noch viele, die ihr ähnlich sehn.«
Und zwei Zeilen später
»Zuschauer, wohnst du selber in einer solchen Stadt
Bau sie schnell um, ehe sie dich gefressen hat!
Kein größeres Glück gibt es auf Erden nun
Als gut sein dürfen und Gutes tun.«[152]
Es ist sicherlich kein Zufall, daß Brecht gerade während seiner Emigration das Thema »Exil« für sich entdeckte. So schrieb er im März 1942 in einem Geburtstagsbrief an Karin Michaelis: »Unsere Literaturgeschichte zählt nicht so viele exilierte Schriftsteller auf wie etwa die chinesische; wir müssen uns damit entschuldigen, daß unsere Literatur noch sehr jung ist und noch nicht kultiviert genug. Die chinesischen Lyriker und Philosophen pflegten, wie ich höre, ins Exil zu gehen, wie die unsern in die Akademie. Es war üblich.«[153] Und Ziffel sagt: »Die beste Schul für Dialektik ist die Emigration.«[154] Eines der wichtigsten Gedichte aus dem Zyklus *Svendborger Gedichte* gehört in diesen Zusammenhang, *Die Legende von der Entstehung des Buches Taoteking auf dem Weg des Laotse in die Emigration*:
»Als er Siebzig war und war gebrechlich
Drängte es den Lehrer doch nach Ruh
Denn die Güte war im Lande wieder einmal schwächlich
Und die Bosheit nahm an Kräften wieder einmal zu.

Und er gürtete den Schuh.
Und er packte ein, was er so brauchte:
Wenig. Doch es wurde dies und das.
So die Pfeife, die er immer abends rauchte
Und das Büchlein, das er immer las.
Weißbrot nach dem Augenmaß.
Freute sich des Tals noch einmal und vergaß es
Als er ins Gebirg den Weg einschlug.
Und sein Ochse freute sich des frischen Grases
Kauend, während er den Alten trug.
Denn dem ging es schnell genug.
Doch am vierten Tag im Felsgesteine
Hat ein Zöllner ihm den Weg verwehrt:
»Kostbarkeiten zu verzollen?« – »Keine.«
Und der Knabe, der den Ochsen führte, sprach: »Er hat
gelehrt.«
Und so war auch das erklärt.
Doch der Mann in einer heitren Regung
Fragte noch: »Hat er was rausgekriegt?«
Sprach der Knabe: »Daß das weiche Wasser in Bewegung
Mit der Zeit den mächtigen Stein besiegt.
Du verstehst, das Harte unterliegt.«
Daß er nicht das letzte Tageslicht verlöre
Trieb der Knabe nun den Ochsen an
Und die drei verschwanden schon um eine schwarze Föhre
Da kam plötzlich Fahrt in unsern Mann
Und er schrie: »He, du! Halt an!
Was ist das mit diesem Wasser, Alter?«
Hielt der Alte: »Interessiert es dich?«
Sprach der Mann: »Ich bin nur Zollverwalter

Doch wer wen besiegt, das interessiert auch mich.
Wenn du's weißt, dann sprich!
Schreib mir's auf! Diktier es diesem Kinde!
So was nimmt man doch nicht mit sich fort.
Da gibt's doch Papier bei uns und Tinte
Und ein Nachtmahl gibt es auch: ich wohne dort.
Nun, ist das ein Wort?«
Über seine Schulter sah der Alte
Auf den Mann: Flickjoppe. Keine Schuh.
Und die Stirne eine einzige Falte.
Ach, kein Sieger trat da auf ihn zu.
Und er murmelte: »Auch du?«
Eine höfliche Bitte abzuschlagen
War der Alte, wie es schien, zu alt.
Denn er sagte laut: »Die etwas fragen
Die verdienen Antwort.« Sprach der Knabe: »Es wird
                                                                     auch schon kalt!«
»Gut, ein kleiner Aufenthalt.«
Und von seinem Ochsen stieg der Weise
Sieben Tage schrieben sie zu zweit.
Und der Zöllner brachte Essen (und er fluchte nur noch
                                                                                 leise
Mit den Schmugglern in der ganzen Zeit).
Und dann war's soweit.
Und dem Zöllner händigte der Knabe
Eines Morgens einundachtzig Sprüche ein.
Und mit Dank für eine kleine Reisegabe
Bogen sie um jene Föhre ins Gestein.
Sagt jetzt: kann man höflicher sein?
Aber rühmen wir nicht nur den Weisen

Dessen Name auf dem Buche prangt!
Denn man muß dem Weisen seine Weisheit erst entreißen.
Darum sei der Zöllner auch bedankt:
Er hat sie ihm abverlangt.«[155]
Dieses Gedicht, schreibt Marianne Kesting, »enthält eine der wichtigsten Selbstdarstellungen Brechts«.[156] Doch die Weisheit des Laotse (ich folge hier der Schreibung Brechts), die er auch selbst befolgen möchte, setzt voraus, daß unsere Welt erst verändert wird. In dem Gedicht *An die Nachgeborenen* formuliert er diese Sehnsucht folgendermaßen:
»Ich wäre gerne auch weise.
In den alten Büchern steht, was weise ist:
Sich aus dem Streit der Welt halten und die kurze Zeit
Ohne Furcht verbringen
Auch ohne Gewalt auszukommen
Böses mit Gutem vergelten
Seine Wünsche nicht erfüllen, sondern vergessen
Gilt für weise.
Alles das kann ich nicht:
Wirklich, ich lebe in finsteren Zeiten!«[157]
Doch Laotse ist nicht nur weise, der Zöllner ist nicht nur wißbegierig; er ist auch ein Beispiel an Freundlichkeit.[158] »In dem bescheidenen Begriff der Freundlichkeit konzentrieren sich wesentliche Züge von Brechts denkerischem wie menschlichem Verhalten.«[159] So hat bei ihm gerade der Begriff Menschenfreundlichkeit als Katalysator im sozialen Prozeß vorrangige Bedeutung. Die gute Shen Te sagt:
»Es gibt noch freundliche Menschen, trotz des großen Elends. Als ich klein war, fiel ich einmal mit einer großen

Last Reisig hin. Ein alter Mann hob mich auf und gab mir sogar einen Käsch. Daran habe ich mich oft erinnert. Besonders die wenig zu essen haben, geben gern ab. Wahrscheinlich zeigen die Menschen einfach gern, was sie können, und womit könnten sie es besser zeigen, als indem sie freundlich sind? Bosheit ist bloß eine Art Ungeschicklichkeit. Wenn jemand ein Lied singt oder eine Maschine baut oder Reis pflanzt, das ist eigentlich Freundlichkeit.«[160]
Marianne Kesting bemerkt weiter zu dem Laotse-Gedicht: »Die Freundlichkeit schließt ein eine gewisse Höflichkeit – und Distanz: es geht um die Sache des Wissens. In dem Gedicht ist nicht davon die Rede, daß zwischen dem Zöllner und Laotse eine besonders nahe menschliche Verbindung entstand; Laotse ritt weiter, man verabschiedete sich höflich und ohne große Worte, aber er hinterläßt sein Kostbarstes, seine Erkenntnis. ... Dieses Verhältnis zwischen Laotse und dem Zöllner zeichnete Brechts Beziehungen zu anderen Menschen in hohem Maße.«[161] In einer zerrütteten Welt wird dort »die Beziehung neu gegründet, wo die Arbeit an der neuen Gesellschaft die Menschen verbindet.«[162] In *Über die kleinste Einheit* läßt Brecht seinen Me-ti sagen: »Die Mitglieder der kleinsten Einheiten brauchen sich nicht zu lieben; sie müssen nur das gemeinsame Ziel lieben.«[163]
Für die Texte, die im postum veröffentlichten Werk *Me-ti, Buch der Wendungen* enthalten sind, gibt es von Brecht selbst keine Datierung. Sie sind jedoch zum größten Teil zwischen 1934 und 1939 geschrieben worden, im Exil in Dänemark also.[164] Es spricht auch alles dafür, daß Brecht die Mo Ti-Übersetzung Alfred Forkes im Svendborger Exil

durcharbeitete. Das Exemplar dieser Übersetzung mit seinen und Karl Korschs Anstreichungen, das sich in seinem Nachlaß befindet, ist offenbar in Svendborg gebunden worden. Bei den Me-ti-Texten lassen sich, wie wir unten sehen werden, direkte Bezüge zur Lehre Mo Tis erkennen; darüberhinaus sind viele Texte aber auch Überlegungen und Gedanken zu politischen Vorgängen der Zeit in chinesischem Gewande. Der Titel »Buch der Wendungen« ist eine Anspielung auf das I Ching, das *Buch der Wandlungen,* doch verstand Brecht unter Wendungen etwas anderes als das *I Ching.* Unter der Überschrift »Über Wendungen« schreibt Brecht: »Mi-en-leh lehrte: Das Einführen der Demokratie kann zur Einführung der Diktatur führen. Das Einführen der Diktatur kann zur Demokratie führen.«[165] Hinter Mi-en-leh verbirgt sich Lenin. Brecht selbst hat für das Büchlein einen Vorspann verfaßt:

»Das *Buch der Wendungen* ist unter Benutzung einer englischen Übersetzung aus dem Chinesischen von Charles Stephens ins Deutsche übertragen worden. Es gehört nicht zu den klassischen Büchern der chinesischen Antike, wenngleich sein Kern von *Mo Di* stammt. Die Lehre Mo Dis ist nach ihrer fast völligen Verdrängung durch die Konfuzianer im letzten Jahrhundert wieder in den Vordergrund getreten, da einige ihrer Elemente an gewisse westliche philosophische Strömungen erinnerten und fast modern anmuten. Das Kapitel *Von der Musik* und *Vom Benehmen* ist echter Mo Di. Andere Kapitel sind nicht von Mo Di, aber gleichfalls alt. Wieder andere sind neuen Datums, sie sind jedoch auch in der chinesischen Fassung im Stil der Alten geschrieben. Vom streng wissenschaftlichen Standpunkt aus sind Werke wie das *Buch der Wendungen* nicht unbedenklich. Der Leser aber, der sich weniger an den Echtheitsstempel als an den Inhalt hält, wird trotz der eklektischen Züge das Buch mit Gewinn lesen. Gerade die Einfügung moderner Gedankengänge und die teilweise recht amüsante Wahl der Vergleiche aus der modernen Geschichte für die Grundgedanken eines alten chinesischen Philosophen wird manchen Leser erfreuen.«[166]

Die Verkleidung verwandte Brecht auch an anderer Stelle. So lesen wir in den – ebenfalls im dänischen Exil konzipierten – Tui-Texten (Tui = Tellekt-Uell-In) über »Die Sandverkäufer« von einem Kloster in Bech-es-ga, das die Sandverkäufer in Pe-link belieferte.[167] Zu dieser Verkleidung im *Buch der Wendungen* schreibt Wolfgang Fritz Haug: »Die chinesische Manier, in der das Buch verfaßt ist, datiert es weit zurück. Die Datierung will umgekehrt gelesen werden. Sie deutet auf viel Zukunft. Die Manier muß versuchen, die Zeit zu überlisten. Was so alt ist, das wird noch lange halten. In die fernöstlich-antiquarisch stilisierten lehrhaften Anekdoten und Aphorismen sind Erfahrungen aus den Klassenkämpfen der ersten Hälfte des zwanzigsten Jahrhunderts eingekleidet. Vieles bezieht sich auf die Sozialdemokratie, auf den Faschismus, auf den durch Stalin geprägten Aufbau des Sozialismus in einem isolierten Land. Anderes bezieht sich auf Philosophie, Kunst, Liebe und Sexualmoral. In allem werden Lehren von Marx und Engels (»die Klassiker«) zur Überlieferung aufbereitet.«[168]

Es ist deshalb nicht verwunderlich, wenn Martin Esslin schreibt: »Sowohl formal wie thematisch ist das *Buch der*

Wendungen den Keuner-Geschichten nahe verwandt: nur daß hier politisch wie persönlich heikler Stoff ins Chinesische verfremdet ist. Der Einfluß der Übersetzungen chinesischer Klassiker durch Richard Wilhelm, die in den zwanziger Jahren bei Diederichs in gelbschwarzen Einbänden herauskamen, ist unverkennbar. Aus dem *I Ging,* dem Buch der Wandlungen, ist das Buch der taktischen Wendungen (und Windungen!) geworden.« Und weiter, »das Buch gibt einen in mancher Hinsicht erschütternden Einblick in die Geisteswelt eines Mannes von großer Intelligenz, der sich selbst immer wieder überzeugen mußte, daß stalinistische Politik richtig und zu rechtfertigen war. ... Es ist eine Art ideologische Autobiographie Brechts, der hier sowohl als der Philosoph Me-ti wie auch als der Dichter Kin-jeh erscheint.« Ein Buch, das »trotz allem und trotz der verzweifelten ideologischen Konvulsionen seines Autors letzten Endes ein schönes, ein menschlich erschütterndes Buch« sei.[169] Ob sich hier nicht eher der Rezensent gewunden hat?

Bei der Lektüre des Verhaltensbüchleins erinnern uns jedoch, wie Bertolt Brecht selbst in seiner Vorrede ankündigt, zahlreiche Gedanken an die Schriften Mo Tis und der Mohisten, die Brecht aus der Übersetzung Forkes ja auch bekannt waren. Und wenn wir im folgenden auf solche Ähnlichkeiten hinweisen, sollen damit weder die von Brecht selbst eingebrachten Erfahrungen aus der europäischen sozialistischen und kommunistischen Bewegung übersehen werden, noch soll Brecht damit, etwa einem bürgerlichen Verständnis von geistiger Urheberschaft folgend, der von ihm selbst beanspruchten »grundsätzlichen Laxheit in

Fragen geistigen Eigentums« gezichtigt werden, im Sinne etwa einer Anekdote aus den zwanziger Jahren:
»Zwei Literaten treffen sich im Romanischen Cafe:
Erster Literat: Haben sie das neueste Gedicht von Brecht gelesen?
Zweiter Literat: Ja, von wem ist es denn eigentlicht?«[170]
Brecht läßt seinen Me-ti über sich selbst sagen: »Me-ti sagte: Der Dichter Kin-jeh darf für sich das Verdienst in Anspruch nehmen, die Sprache der Literatur erneuert zu haben. ... Er wandte eine Sprechweise an, die zugleich stilisiert und natürlich war. Dies erreichte er, indem er auf Haltungen achtete, die den Sätzen zugrunde liegen: Er brachte nur Haltungen in Sätze und ließ durch die Sätze die Haltungen immer durchscheinen. ... Der Dichter Kin erkannte die Sprache als ein Werkzeug und wußte, daß auch einer dann mit anderen spricht, wenn er mit sich spricht.«[171] Wolfgang Fritz Haug schreibt dazu: »So verkörpert Brecht in der dritten Person des Me-ti – dessen Name als Ich-du gelesen werden kann – die dritte Sache als Weisheit. Der jeweils ersten Person aber, die über Weisheit nur in der dritten Person verfügt, hinterläßt Brecht augenzwinkernd das ›Ideal eines Mannes aus früheren Zeiten‹«.[172]
Mo Ti – wir werden hinfort zwischen Mo Ti oder Mo-tzu, dem chinesischen Philosophen, und Me-ti, Brechts Figur, unterscheiden – geißelt die Berufung auf das Schicksal, da sie nur dazu diene, eigene Fehler und mangelnde eigene Anstrengungen zu entschuldigen. Er zitiert aus der Schrift *Der Herzog von Shao* den Satz »Das Schicksal kommt nicht vom Himmel, sondern man empfängt es von sich

selbst.«[173] Bei Brecht heißt es: »Das Schicksal des Menschen – Me-ti sagte: Das Schicksal des Menschen ist der Mensch.«[174] Daß »jeder seines Glückes Schmied« sei, will damit weder Mo Ti noch Brecht sagen. Vielmehr teilen beide die Einsicht, daß die Berufung auf das Schicksal nur dazu dient, Mißwirtschaft und Ungerechtigkeiten zu verschleiern. Ihnen ist gemeinsam, daß sie ungerechte Verteilung von knappen Gütern und Lebenschancen nicht einfach hinnehmen, sondern nach den Ursachen dafür suchen, Untersuchungen anstellen. Bei Mo Ti ist diese Vorgehensweise besonders auffällig: nach der Schilderung von Mißständen oder Widersprüchlichkeiten stellt er durch Betrachtung historischer Beispiele sowie durch gestellte Argumentationsabläufe fest, wo das Übel liegt, und zeigt einen Weg, wie es seiner Ansicht nach zu beseitigen sei.
Mo Ti berief sich auf die heiligen Könige des Altertums, die lehrten: »Wenn genug für den Bedarf des Volkes getan ist, dann soll man aufhören.« Solches sollte hergestellt werden, was den Menschen nützt, und alles Überflüssige sollte unterbleiben; Verschwendung verurteilte er. – Me-ti sagt: »Es wird viel für die Menschen und viel gegen die Menschen erfunden. ... Wenn einer eine Lampe erfindet, die jahrzehntelang nicht ausbrennen kann, dann wird die Erfindung von den Lampenmachern gekauft, nicht damit solche Lampen nun hergestellt werden, sondern damit sie nicht hergestellt werden können.«[175] Die weitere Produktion von Glühbirnen, die nur eintausend Stunden brennen, wäre demnach Verschwendung. Der Unterschied ist nur, daß Brecht bereits weiß, daß gesteigerte Aufwendungen auch dem Volke nützen könnten, während Mo Ti gegen

jede Steigerung in den Aufwendungen zu Felde zieht, da sie immer nur auf Kosten der Bevölkerung betrieben werden könne, womit er zu seiner Zeit, in der alle Güter knapp waren, zweifellos Recht hatte. Diese Verschiebung der Positionen von Mo Ti und Me-ti wird auch in der Beurteilung des Stehlens, nichtsanktionierter Aneigung also, deutlich.
Wenn einer seinem Nachbarn einen Apfel stiehlt, wird er bestraft, stiehlt einer einen ganzen Staat, wird er noch gelobt und gepriesen. Das verurteilte Mo Ti, nicht nur weil er es für widersinnig hielt, daß Diebstahl bei dem einen bestraft, bei dem anderen hingegen noch gutgeheißen wird, sondern weil er Diebstahl überhaupt für unrecht hält. Etwas anders bei Brecht. Der schreibt von Kin-jeh, womit er sich selbst meint: »Kien-jeh zeigte eine gewisse Schwäche für Verbrecher einfacher Art, wie Diebe, Raubmörder, Fälscher und Gewalttätige. ... Sie sind einzeln und stehen doch nur scheinbar gegen die Allgemeinheit, d. h. gegen alle andern. Eigentlich stehen sie gegen wenige, welche sich aber den Anschein der Allgemeinheit zu geben wissen. Viel gefährlicher sind diejenigen, welche sie verfolgen und von welchen sie verfolgt werden, denn diese handeln als ein Haufen, wenn sie ihre Verbrechen begehen, und nennen sie sittliche Taten.«[176] Hierzu paßt auch der Satz des Mo Ti: »Wenn man zu schlechten Menschen sagt, daß der Himmel gerecht handelt, dann läßt sich ihr Charakter, auch wenn er verbesserungsfähig, nicht ändern. Man muß ihnen frohlockend verkündigen, daß der Himmel schlecht handelt.«[177]
»Dem Me-ti sagte man: Die Asozialen, welche ich gesehen habe, haben versucht, auf eigene Faust Verbesserungen in der Gesellschaft anzubringen, und zwar solche Verbesse-

rungen, welche ihnen selber zugute kamen. Solche, die besonders große Schwierigkeiten sahen, solche Handstreiche zu vollführen, wurden häufig krank und handelten unsinnig, aber das heißt nur, daß man den Sinn ihrer Handlungen nicht mehr deutlich erkennen konnte: Auch sie waren Verbesserer auf eigene Faust. ... Die Schlechten werden verbessert, sagte Me-ti, indem man sie Verbesserungen machen läßt.«[178] »Wenn die schlechten Menschen glauben, sagt Mo Ti, daß ich den Himmel für schlecht und die Menschen für gut halte, dann wird ihr Charakter, auch wenn er nicht verbesserungsfähig ist, verbessert werden.«[179]

Zwar sagte Meister Mo Ti: »Meine Worte können angewandt werden. Wenn man Worte verschmäht und aufs Denken verzichtet, so ist das, wie wenn man Reis einheimsen will, ohne zu ernten.«[180] Jedoch sagte er auch: »Worte, welche sich in die Tat umsetzen lassen, mag man beständig im Munde führen, wenn sie sich aber nicht ausführen lassen, so soll man sie nicht immer wiederbringen, denn wenn man von dem, was sich nicht ausführen läßt, immer wieder redet, so ist das eitles Geschwätz.«[181] – »Wenn etwas zu gar nichts nützt und man es doch sagt, so ist es eitles Geschwätz.«[182] »Worte, welche zu Handlungen führen, mag man beständig äußern, aber wenn sie keine Handlungen im Gefolge haben, so muß man nicht ewig davon reden. Wenn man sie so behandelt, als könnten sie zu Taten führen und immer davon spricht, so ist das nutzloses Geschwätz.«[183] »Wenn man Pläne nicht verwirklichen kann, dann muß man unter Hinzuziehung der Vergangenheit das Zukünftige kennenlernen und durch das Offenkundige das Verborgene erkennen. Wenn man so plant, dann kann man zur Einsicht kommen.«[184]

Me-ti sagte: »Denken ist etwas, das auf Schwierigkeiten folgt und dem Handeln vorausgeht.«[185] Ihm geht es um eine Philosophie, die »ein Handeln ermöglicht, ein nützliches Tun«.[186] Die *Große Methode* verlange, »daß man davon spricht, wie gewisse Dinge zum Vergehen gebracht werden können.«[187]

Mo Ti verfocht gegen die Konfuzianer das Prinzip der umfassenden Menschenliebe; man solle die Kinder seines Nachbarn wie die eigenen lieben, den Vater des anderen wie den eigenen Vater, usf.[188] Mo Ti begründete dies nicht damit, daß die Lehre des Konfuzius zwar einmal gültig, nunmehr aber überholt sei, sondern er erhob sein Prinzip zum zeitlos allgemeingültigen Prinzip. – Brecht sieht das anders. Er unterscheidet zwischen Urteilen und Handlungen. »Die Geschichte des Kungfutse zeigt, wie gering der Erfolg der erfolgreichsten Lehrer der Menschheit war. Er beabsichtigte, die Staatsform seiner Zeit zu einer ewigen zu machen durch die allgemeine Hebung der Sittlichkeit. Aber die Sittlichkeit verfiel, solange diese Staatsform dauerte, und es war ein Glück, daß sie nicht ewig war. Vieles versprach er sich von der Ausübung der Musik. Aber seine Ausführungen darüber behielt das Volk länger als die Musik. ... Wieviel konnte es von ihm brauchen, als es seine Haltung nachahmte! Seine Urteile, längst vergangene Lebensformen betreffend, wären längst ungerecht geworden, hätte man sie wiederholt, aber seine Haltung war die der Gerechtigkeit.«[189] Hier spricht Brecht aus, was man bei Mo Ti nur ablesen kann: Urteile können unzeitgemäß wer-

den, Lebensformen können sich verändern, doch Haltungen brauchen sich nicht zu verändern, sondern sie führen nur zu verschiedenen Zeiten zu unterschiedlichen Äußerungen. Was Brecht hier als eine Haltung bezeichnet, ist soetwas wie ein »letzter Wert«. Auch Mo Ti maß alles an den Normen »Gerechtigkeit« und »Menschlichkeit«, die ebenso für Konfuzius verbindliche Normen darstellten. Doch die Anweisungen für die Lebensführung, die Konfuzius aus diesen Normen ableitete, verwarf Mo Ti, Brecht hielt sie für unzeitgemäß, wie sich an der Haltung beider zur sozialen Institution der Familie ablesen läßt.
In dem Abschnitt *Über die kleinste Einheit* schreibt Brecht: »Kung verwies auf die Familie. Me-ti sagte: Das mag in alter Zeit gegolten haben. Die Familien verteidigten ihr Besitztum gegeneinander. ... Me-ti lehrte von der kleinsten Einheit: Sie entsteht, wo gearbeitet wird, oder wo nach Arbeit gefragt wird. Sie legt alle Erfahrungen mit der Umwelt in einen Topf. Sie ist klüger als alle ihre Mitglieder. ... Kung sagte: Die Familie ist nicht zufällig. Die anderen Verbände sind zufällig. Me-ti sagte: Das mag für alte Zeiten gegolten haben. ... Kung sagt, die Kinder sollen ihre Eltern lieben. Aber Liebe kann man nicht befehlen, und warum sollten gerade die Eltern geliebt werden? Die Mitglieder der kleinsten Einheiten brauchen sich nicht zu lieben; sie müssen nur das gemeinsame Ziel lieben. Die Familien bleiben, aber die kleinsten Einheiten sind voll Bewegung; sie dienen der Verbindung, die Familien dienen der Trennung.«[190] In Brechts Exemplar der Übersetzung Mo Tis ist auf Seite 526 »Man liebt seine Mitmenschen nicht des Lobes wegen. Analogie in: Gasthaus.« rot unter-

strichen; daneben steht in der Handschrift Brechts: »das Gasthaus ist nicht gastlich der Gastlichkeit wegen, sondern der Verdienste wegen.« Und im Anschluß an Mo Tis Satz: »Man liebt die Eltern seiner Nächsten wie seine eigenen. Analogie: Sorge für die Alten.« verzeichnet er ›gegen die Familie‹.

Mo Ti wie Me-ti legten sich die Frage vor, wie weit sie sich für andere aufopfern sollten, und sie fanden folgende Antworten: Mo Ti sagte: »Daher, wenn ich am Leben bleibe, will ich lieber den anderen töten, denn, wenn ich nicht getötet werde, ist es mein Vorteil«; und in der Anmerkung dazu ist eine Textvariante verzeichnet, die in Brechts Ausgabe rot unterstrichen ist: »Ich würde einen anderen töten, um mir zu nützen, aber würde mir selbst nicht das Leben nehmen, um anderen zu nützen.«[191] »Me-ti sagte: Ein schlechtes Leben muß man mehr fürchten als den Tod. Ihr müßt vielleicht mitunter euer schlechtes Leben riskieren, um ein besseres Leben zu gewinnen, aber den sicheren Tod sollt Ihr niemals aufsuchen.«[192] Und »Me-ti las folgende Geschichte: Ein Revolutionär übernahm eine Aufgabe, die zu seinem Tode führen mußte. Als er wegging, konnte er sich nicht aufrecht halten. ›Hast du Angst?‹ fragte ihn sein Begleiter. Er antwortete: ›Ja, ich habe Angst.‹ – ›Aber warum kehrst du nicht um, wenn du Angst hast?‹ Er sagte: ›Meine Angst ist meine eigene Schwachheit, mein Tod aber ist eine öffentliche Sache.‹ – Me-ti sagte: Das sind schlechte Zeiten, wo der Mensch seiner Angst nicht nachgeben darf. Aber mögen viele gehen für einen Zustand des Gemeinwesens, in dem der, welcher für sich selber sorgt, zugleich für das Gemeinwesen sorgt.«[193] Doch der Einsatz des eigenen

Selbst geht nicht immer gleich so weit, daß man andere tötet oder sein Leben im revolutionären Kampf riskiert, wenngleich es heute erschreckend viele Leute gibt, die ihr Leben für eine Sache riskieren, die nicht ihre Sache ist, wenn sie sie auch dafür halten.

Mo Ti geht allerdings noch von einer gleichen Interessenlage bei allen aus. Daher konnte er sagen: »Die Liebe zu den Menschen schließt die eigenen Person nicht aus, denn diese ist unter denen, die geliebt werden, und da dies der Fall ist, so erstreckt sich auch die Liebe auf die eigene Person. Die gewöhnlich sogenannte Eigenliebe ist Liebe zu den Menschen.«[194] Daher ist Mo Ti für Universalität und gegen Parteilichkeit. Auch Me-ti ist für Universalität, doch er sieht, daß ihr zuzeiten die Parteilichkeit vorausgehen muß als die Solidarität derer, die den Zustand der Universalität erstreben, »in dem der, welcher für sich selber sorgt, zugleich für das Gemeinwesen sorgt.« Er sagt: »Will man eine Eigenliebe haben, die sich nicht gegen andere richtet, dann muß man einen Zustand suchen, der eine solche richtige Eigenliebe erzeugt. Die unter diesem Zustand leben, werden einem helfen, ihn allgemein zu machen.«[195] Oder: »Das Mitleid mit anderen, das nicht das Mitleid mit sich selbst ist, muß man für weniger zuverlässig halten, als das Mitleid mit sich selbst, das zugleich das Mitleid mit anderen ist.«[196] Damit hängt auch zusammen, daß man nicht Tugend um ihrer selbst willen übt. »Die alten Sittenlehrer bestehen darauf, daß nur die Tugenden zählen sollen, die um ihrer selbst willen betätigt werden. Ka-meh warnt die Arbeiter vor solchen Tugenden und rät ihnen, nur Tugenden zu betätigen, die ihnen Nutzen bringen.«[197] Denn »die

Produktionsverhältnisse sind die Quellen aller Sittlichkeit und Unsittlichkeit«[198] und es kommt darauf an, »statt Profite für die Wenigen, Vorteile für Alle« zu produzieren.[199] Mo Ti sagte: »Generosität schließt das eigene Selbst nicht aus«[200], und »man kann an dem Wohl der Menschheit seine Freude haben.«[201] Mo Ti würde sich selbst nie das Leben nehmen, um anderen zu nützen. Diese Haltung, die davon ausgeht, daß der Nutzen des anderen mit dem eigenen Nutzen identisch zu sein habe, teilt auch Brecht. Doch er betont, daß man mitunter ein schlechtes Leben riskieren solle, um ein besseres Leben zu gewinnen. Diese Wendung vollzieht Mo Ti nicht; zwar nennt er die Möglichkeit, daß sich eine bedrängte Bevölkerung gegen ihren Unterdrücker wenden kann, doch hat er eine Berichtigung der Verhältnisse von oben her im Auge. Wie auch die Bestrafung für unrechtes Verhalten von oben kommt, von dem Himmel, den Geistern, so werden auch die gerechten Verhältnisse von oben her installiert, und die Kritik von unten, die er im Abschnitt *Oben Angleichen* fordert, ist nur Korrektur. So ist es auch konsequent, wenn er, anders als Brecht, nicht in Erwägung zieht, daß sich durch Einsatz eines schlechten Lebens ein gutes Leben erkämpfen läßt. Im übrigen blieb ihm gar keine andere Wahl, waren seine Adressaten doch nicht organisierbare Bauern, sondern Landesfürsten, denen er vorhält, man könne »an dem Wohl der Menschheit seine Freude haben.«

Mo Ti verurteilte den Krieg, weil er weder dem Himmel, noch den Geistern, noch den Menschen nützt. Er räumte zugleich ein, daß es manchmal notwendig sein kann, einen ausbeuterischen Staat zu besiegen. Er wußte, auf wessen

Kosten die Oberen ihre Kriege führen. Er sagte: »Die Angriffskriege der großen Staaten gegen die kleinen sind wie das Pferdespielen der Knaben. Wenn die Knaben Pferde spielen, so laufen sie ihre eigenen Beine müde. Wenn heutzutage ein großer Staat einen kleinen mit Krieg überzieht, so sind die Bauern die angegriffenen. Sie können ihre Felder nicht bestellen und ihre Frauen können nicht weben, denn die Verteidigung ist die Hauptsache. Die Angreifer sind ebenfalls die Bauern; auch sie können nicht pflügen und ihre Frauen können nicht weben, denn alle haben für den Angriff zu sorgen. Daher sind die Angriffskriege der großen Staaten gegen die kleinen wie das Pferdespielen der Knaben.«[202] Me-ti verband diesen Mißstand mit einer Hoffnung: »Wir sahen: Das Volk, das mit anderen Völkern in Frieden lebte, nährte einen Krieg seiner eigenen Klassen. Aber der Krieg mit anderen Völkern, welcher durch den Krieg der eigenen Klassen hervorgebracht wurde, erzeugte einen Burgfrieden der Klassen. Und dennoch verschärfte er den Krieg der Klassen zugleich; so zerfiel der Burgfrieden, und der Krieg der Klassen beendete den Krieg der Völker.«[203] Dafür, wie ein solcher Burgfriede hergestellt werden kann, gibt es zahlreiche Beispiele. »Das Volk von Ga hatte Brot und Arbeit verlangt. Es gab nämlich für viele keine Arbeit und also kein Brot. Die Forderung meinte, man wolle nicht Brot geschenkt haben, sondern es durch Arbeit verdienen. Als der Ti-hi zur Macht kam, ließ er ausrufen, er wolle dem Volk erst Arbeit geben und dann erst richtig Brot, und tatsächlich führte er große öffentliche Arbeiten aus, die der Kriegsvorbereitung dienten. Da nichts Richtiges gearbeitet wurde, wuchs der Mangel. Jetzt erfand Ti-hi die Parole: Brot oder Arbeit.«[204] Und »der Hu-ih forderte für die Nation *Lebensraum*, d. h. Bezirke, welche der Nation zur Ausbeutung zur Verfügung stünden. Me-ti nannte das *Tötungsraum*.«[205] Das klingt alt, ist es aber nicht, wenn von einer Supermacht ernsthaft die Besetzung eines Öl produzierenden Landes in Erwägung gezogen und in einem Jahr weltweiter wirtschaftlicher Rezession immerhin 210 Milliarden Dollar für Rüstung ausgegeben werden.[206] Genauso wie Hu-ih die Bevölkerung vor die Alternative stellt: Butter oder Kanonen, macht sich Wei-na dafür stark, in einem Jahr mit voraussichtlich nur geringem oder gar keinem wirtschaftlichen Wachstum den Rüstungsetat um acht bis neun Prozent aufzustocken, und er fordert, daß »die Bereitschaft der Bevölkerung für die erforderlichen Opfer« geweckt werde.[207] Nun, wer wünscht schon, daß die Worte Me-tis bald einmal im Verschwiegenen herumgereicht werden?

Über sinnlose Sätze und falsche Verknüpfungen machte sich Mo Ti Sorgen. Er sagte: »Der Satz: ›Ochsen und Pferde sind keine Ochsen‹ kommt der Bejahung dieses Satzes gleich.«[208] Me-ti erkannte die Gefahr fälschlicher Verknüpfungen sehr deutlich. »Philosophen werden meist sehr böse, wenn man ihre Sätze aus dem Zusammenhang reißt. Me-ti empfahl es. Er sagte: Sätze von Systemen hängen aneinander wie Mitglieder von Verbrecherbanden. Einzeln überwältigt man sie leichter. Man muß sie also voneinander trennen. Man muß sie einzeln der Wirklichkeit gegenüberstellen, damit sie erkannt werden. ... Der Satz ›Der Regen fällt von unten nach oben‹ paßt zu vielen Sätzen (etwa zu dem Satz ›Die Frucht kommt vor der Blüte‹),

aber nicht zum Regen.«[209] Ja, die Gefahr ist noch größer bei den Verknüpfungen. Er sagt: »Die Urteile, die auf Grund der Erfahrungen gewonnen werden, verknüpfen sich im allgemeinen nicht so, wie die Vrgänge, die zu den Erfahrungen führten. ... Es ist die ganze Welt, die ein Bild erzeugt, aber das Bild erfaßt nicht die ganze Welt. Es ist besser, die Urteile an die Erfahrungen zu knüpfen, als an andere Urteile, wenn die Urteile den Zweck haben sollen, die Dinge zu beherrschen. Me-ti war gegen das Konstruieren zu vollständiger Weltbilder.«[210] Er berichtet auch davon, wie er selbst dieser Gefahr zum Opfer fiel. Er sagte: »Es ist schlimm mit mir. Überall werden Gerüchte verbreitet, daß ich die allerungereimtesten Dinge gesagt hätte. Und, ganz unter uns, das Unglück ist, daß ich die meisten wirklich gesagt habe. Es geht mir nämlich so: wenn jemand behauptet, 2 mal 2 sei 4, weil 8 minus 5 gleich 7 sei, dann sage ich sofort, 2 mal 2 sei dann nicht vier. Das kolportiert er dann.«[211] Doch Mo Ti wußte solchen Falschverknüpfern zu entgegnen. Als einmal Kung Meng-tzu zu ihm sagte: »Wenn du die dreijährige Trauerzeit für falsch hältst, dann ist deine dreimonatliche auch verkehrt.«, entgegnete er ihm: »Wenn du mit der dreijährigen Trauer die dreimonatliche widerlegen willst, so ist das ebenso, als wenn ein Nackter das Hochraffen der Kleider für unziemlich erklärt.«[212] Solche Erwiderungen dienen freilich nicht allein der Zurückweisung von falschen Verknüpfungen, sondern sollen auch Denkanstöße geben und zum Lernen führen.
Brecht wußte, daß Me-ti die Tugend für erlernbar hielt, ja er erkannte, daß man etwas lernen kann, ohne es sich vorgenommen zu haben, unfreiwillig gewissermaßen. Da-

von berichtet eindringlich die Geschichte *Der aufdringliche Künstler*, die mit folgenden Worten Me-tis an die Arbeiter schließt, die das »Lob des Lernens« betitelte Bild dem Künstler eigentlich nur aus Mitleid abgekauft hatten: »Ich glaube beinahe, sagte er, ihr hattet dieses Bild kaufend, nicht so sehr mit dem Künstler, als mit euch Mitleid, und wart mehr großzügig zu euch selber, als zu ihm.«[213] Daß man einen unter Umständen auch einmal mit einer falschen Versprechung zu etwas bewegen muß, war auch Mo Ti bekannt. Er gewinnt einen Schüler mit der Versprechung: »Wenn du vorläufig bei mir studierst, werde ich dir ein Amt verschaffen«, doch als sich der Schüler nach längerer Zeit darüber beklagt, daß er kein Amt erhalten habe, erwidert ihm Mo Ti: »Hättest du nicht studiert, so würde dich die Welt verlacht haben, deswegen ermahnte ich dich zum Studium.«[214] Um ein bestimmtes Ziel zu erreichen, sind eben bisweilen besondere Mittel nötig, damit aber noch keineswegs geheiligt.

Die bisher von Mo Ti zitierten Gedanken sind allesamt in Brechts Ausgabe der Forkeschen Mo Ti-Übersetzung angestrichen. Aus Anstreichungen ersehen wir auch, daß ihm solche Formulierungen wie »Wenn die Lippen fehlen, werden die Zähne kalt«[215], »Der Edle spiegelt sich nicht im Wasser, sondern er spiegelt sich in den Menschen«[216], »Der Edle ist wie eine Glocke; schlägt man sie, so tönt sie, schlägt man sie nicht, so tönt sie nicht«[217] oder wie »Der Weise gehört nicht zu den Tugendhaften, weil seine Frau ihn dafür hält«[218] ins Auge gefallen sind. So auch die Geschichte im Abschnitt *Gegen die Konfuzianer*, in der die doppelbödige Moral des Konfuzius gebrandmarkt wird.[219]

Brechts *Buch der Wendungen,* das seine Kritiker etwas ratlos ließ – Joachim Kaiser nannte es bei Erscheinen »Brechts chinesischen Steinbruch«[220] –, erschließt sich unserem Verständnis erst, wenn wir die Lehren Mo Tis kennen. So erhofft Brechts Me-ti einen Zustand des Gemeinwesens, »in dem der, welcher für sich selber sorgt, zugleich für das Gemeinwesen sorgt«; das ist alles andere als »altmodisch ökonomisch« gedacht. Vielmehr thematisiert Brecht damit ein Grundproblem des vergesellschafteten Menschen überhaupt; und die Schlichtheit der Formulierung, die dennoch nicht durch Vereinfachung erkauft wird, konnte er in hohem Maße von Mo Ti lernen. Freilich deckt sich Brechts Me-ti nicht mit dem historischen Mo Ti. Dieser kannte und postulierte allgemeingültige Prinzipien; Brecht hingegen weiß, daß Urteile jeweils vom gesellschaftlichen Kontext bestimmt sind. Er meint auch, man müsse manchmal ein schlechtes Leben riskieren, um ein gutes zu gewinnen; eben weil er nicht auf die ordnende Hand von oben, sondern auf die Massen setzt (»Der Krieg der Klassen beendet den Krieg der Völker«). So ist es die Auffassung vom gesellschaftlichen Prozeß, die Brecht von Mo Ti trennt. Doch in der Betrachtung der fundamentalen, der »zeitlosen« Bedingungen der Gesellschaft kommen sich beide erstaunlich nahe.
Diese verschiedenen und doch wieder ähnlichen Ausgangspunkte erzeugen eine dialektische Spannung, welche die Lektüre beider Werke so ergiebig macht – Brechts *Buch der Wendungen* gewinnt vor dem Hintergrund altchinesischer Lebenslehren, Mo Tis sozialethische Schriften (aus dem fünften Jahrhundert v. Chr.) erweisen ihre Aktualität in der Transformation.

ANMERKUNGEN

Einführung zu den Texten
1 Siehe Carl Schmitt, *Der Begriff des Politischen*, Berlin 1963, sowie ders., in: Joachim Schickel (Hrsg.) *Guerrilleros, Partisanen – Theorie und Praxis*, München 1970, p. 13.
2 Siehe Kungfutse, *Gespräche (Lun-yü)* XV, 1.
3 *Ebd.* XII, 7.
4 *Menzius* IV, i. xiv, 2 und 3.
5 *Menzius* VI, ii, ix, 2 und 3.
6 Aus dem Abschnitt *Gegen die Schicksalsgläubigkeit I*.
7 *Menzius* II, ii, i, 5.
8 *Tao-te-king*, Kap. 31 (Übers. von R. Wilhelm).
9 Menzius XV, 11.
10 *Probleme des Krieges und der Strategie* (1938), in: Mao Tse-tung *Ausgewählte Werke*, Band II, Peking 1968, p. 262. – Zu dem Satz: »Wenn man den Krieg abschaffen will, ist dazu auch der Krieg erlaubt.«, der dem Legalisten Shang Yang zugeschrieben wird, und der nur als Reaktion auf die den Frieden als höchstes Gebot betrachtenden Konfuzianer angesehen werden kann, siehe Wolfgang Bauer, *China und die Hoffnung auf Glück*, München 1971, p. 96 f.
11 Vgl. Plato, *Nomoi* 626a; F. Nietzsche: »So sei es denn ausgesprochen, daß der Krieg für den Staat eine ebensolche Notwendigkeit ist wie der Sklave für die Gesellschaft.« (Bd. III der Ausgabe K. Schlechta, p. 284).

12 *Pensées* Frg. 949 (in der Übertragung von E. Wasmuth).
13 *Strategische Probleme des Revolutionären Krieges in China (1936)* in: Mao Tse-tung, *Ausgewählte Werke*, Bd. I, Peking 1968, p. 213.
14 *Über den langwierigen Krieg* (1938), in: Mao Tse-tung, *Ausgewählte Militärische Schriften,* Peking 1969, p. 269, 260 u. 268.
15 Max Weber, *Wirtschaft und Gesellschaft,* 5. Aufl., Studienausgabe, Tübingen 1972, p. 525.
16 Max Weber, *Soziologie-Universalgeschichtliche Analysen-Politik* (Joh. Winckelmann, Hrsg.) 5. Aufl. Stuttgart 1973, p. 95.
17 Mao Tse-tung, *Ausgewählte Werke,* Bd. I, Peking 1968, p. 9.
18 Carl Schmitt, *op. cit.* (Anm. 1) p. 23.
19 Siehe u. a. Mao Tse-tung, *op. cit.* (Anm. 10) p. 336 f.; Joachim Schickel, *op. cit.* (Anm. 1) p. 14.
20 Vergleiche auch *Einleitung* zu Mo Ti *Solidarität und allgemeine Menschenliebe,* p. 20 u. 22 f., sowie *ebd.* den Abschnitt *Maßstäbe,* p. 67 ff.
21 Vergleiche ebd. p. 25 ff.
22 Zu den überlieferten Schriften Mo Tis und der Mohisten siehe ebd. p. 45 ff.

Gegen den Angriffskrieg

23 *pu-jen* und *pu-i,* mit »Verwerflichkeit« übersetzt, werden hier synonym verwendet. – *tsui,* »Verbrechen«, kann auch mit »Bestrafung« übersetzt werden.
24 König Ho-lü von Wu regierte von 514 bis 496 v. Chr.
25 Fu Ch'ai war der Nachfolger Ho-lüs.
26 Kou Chien, König von Yüeh, reg. 496–465 v. Chr.

Mo Ti spielt an anderer Stelle auf eine Geschichte an, derzufolge Kou Chien seinem Feinde Fu Ch'ai die Schönheit Hsi Shih schenkte, der Fu Ch'ai erlag, so daß der Staat Wu allmählich in Unordnung geriet und im Jahre 473 von Kou Chien erobert werden konnte. Siehe Mo Ti, *Schriften* Bd. I, p. 60 u. Anm. 78.

27 Im *Shu-ching*, dem *Buch der Urkunden*, findet sich nur dieser erste Satz, wo statt »der Edle« einfach »der Mensch« steht. Bernhard Karlgren übersetzt diese Stelle folgendermaßen: »men should not (examine =) mirror themselves in water; they should mirror themselves in the people.« Vgl. *The Book of Documents*, Stockholm 1950, p. 45; James Legge, *The Chinese Classics*, Bd. III, p. 409 f.

28 Shang-ti, ursprünglich der von den Chou verehrte »Gottkaiser in der Höhe«, später nur noch schlicht mit dem Himmel identifiziert. Bei Mo Ti hat Shang-ti wie ja auch der Himmel noch stark personale Züge.

29 Hier lasse ich die Negation ausfallen.

30 In dem ganzen Absatz und besonders an dieser Stelle ist der Text in sehr schlechtem Zustand, so daß die hier gegebene Übersetzung eher als Vorschlag zu betrachten ist.

31 Alfred Forke merkt hierzu an: »Immer derselbe Schwindel! Jeder Eroberer hält sich für ein besonderes Werkzeug der Vorsehung oder für einen besonderen Kulturträger, der nur Strafexpeditionen gegen verbrecherische Nationen unternimmt.«

32 Kao Yang ist ein Vorfahr des Shun, der hier wohl gemeint ist.

33 Diese Rede ist nach Ansicht vieler Kommentatoren zu streichen.

34 Dieses Tier heißt eigentlich *ch'eng-huang*, »gelbreitend«; einigen Berichten zufolge soll dieses Tier einem Fuchs ähneln, dem zwei Hörner aus dem Rücken wachsen. Die Übersetzung mit »gelbes Pferd« ist hier sehr frei.

35 Es gab zu jener Zeit über zwölf mehr oder weniger unabhängige Staaten, wenngleich die genannten vier die mächtigsten waren.

Mäßigung im Aufwand

36 Zum Thema des gesamten Kapitels siehe *Keine Übertreibungen* in Mo Ti, *Schriften* Bd. I, bes. p. 78 f.

37 Nach dem *Chou-li, Riten der Chou*, sollte ein Mann mit 30 und ein Mädchen mit 20 Jahren verheiratet sein. Vgl. É. Biot, *Le Tcheou-li ou Rites des Chou*, Paris 1851, T. I, p. 307.

38 Die fünf Geschmacksrichtungen sind: Sauer, Bitter, Süß, Scharf und Salzig. Siehe Marcel Granet, *Das Chinesische Denken* (orig. *La Pensée Chinoise*, deutsch von Manfred Porkert), München 1963, p. 284.

39 Chiao-tzu, der alte Name für das heutige Cochinchina.

40 Über solch zeremonielles Gehabe bei Konfuzius siehe *Lun-yü* X, 4.

41 Zu den Kleiderfarben des Konfuzius siehe *Lun-yü* X, 6.

42 Das ursprünglich nächstfolgende Kapitel, *Mäßigung im Aufwand III*, ist nicht überliefert.

Einfachheit bei Begräbnissen

43 Die beiden vorangehenden Kapitel, *Einfachheit bei Begräbnissen* I und II, sind nicht überliefert.

44 Mit den weisen Königen der drei Dynastien des Altertums sind Yao, Shun, Yü, T'ang, Wen und Wu der Dynastien Hsia, Shang/Yin und Chou gemeint. In Aufzählungen werden oft Yao, Shun und Yü weggelassen, da es in der Reihe der schlechten oder bösen Könige der drei Dynastien des Altertums, Chieh, Chou, Yu und Li, zu diesen dreien keine Entsprechung gibt.

45 Hier versteht Mo Ti unter »den Edlen« (*chün-tzu*) offenbar vornehmlich die Konfuzianer.

46 Die Armen reich zu machen, die Bevölkerung zu vermehren und Ordnung herzustellen sind drei Arten des Nützens.

47 Mo Ti überzeichnet hier die konfuzianischen Begräbnis- und Trauervorschriften etwas. So meinten auch die Konfuzianer, daß das Trauern nicht der Gesundheit der Trauernden abträglich sein dürfe; und Menschenopfer bei Begräbnissen verurteilten sie sogar.

48 Hier ist der Text etwas verderbt; manche Kommentatoren versuchen, ihn durch Analogien zu vervollständigen.

49 Hier lasse ich 44 Worte aus, die nur eine wörtliche Wiederholung der Passage sind, in der die Folgen der Befolgung solcher Trauervorschriften geschildert werden.

50 Chieh, Chou, Yu und Li sind die schlechten Könige der drei Dynastien des Altertums.

51 Es handelt sich bei diesem Stamm nicht, wie manche Kommentatoren meinen, um Menschenfresser, sondern um Menschenfresser handelt es sich bei den vorgenannten Leuten von Chen-mu; von denen wird an anderer Stelle, *Mo-tzu*, Kap. 49, berichtet, daß sie das Fleisch des ältesten Sohnes ihrem Anführer geben, der, wenn es ihm gut schmeckt, den Vater belohnt, was ja dann auch dem nächstfolgenden Sohn zugute kommt.

Der Wille des Himmels

52 Was hier mit »richtig« übersetzt wird, kann auch mit »ordentlicher Regierung«: »Gerechtigkeit ist die Voraussetzung einer geordneten Regierung«, übersetzt werden. *cheng* »richtig, ordentlich« und *cheng* »geordnete Regierung« sind hier wie auch im Folgenden auswechselbar.

53 Zur Belohnung und Bestrafung der heiligen und der bösen Könige des Altertums siehe auch Mo Ti, *Schriften*, Band I, p. 69 f.

54 D. h. alle zivilisierten Menschen.

55 Vgl. *Shih-ching, Buch der Lieder*, Mao no. 207; Legge, *The Chinese Classics*, IV, p. 363; Arthur Waley, *The Book of Songs*, London 1937, no. 143.

56 Mit den sechs Haustieren sind Pferde, Rinder, Schafe, Schweine, Hühner und Hunde gemeint.

57 Siehe *Shih-ching, Buch der Lieder*, Mao no. 241; Legge, IV, p. 454; Waley no. 243; ich folge hier der Übersetzung von Peter Weber-Schäfer, *Altchinesische Hymnen*, Köln 1967, p. 116. »Gott« ist hier der Übersetzungsbegriff für Shang-ti; vgl. dazu oben Anm. 28.

58 Eine ähnliche Stelle findet sich in dem uns überlielieferten *Buch der Urkunden, Shu-ching*; vgl. Legge, III, p. 286.
59 Eine ausführlichere Darlegung dieses Zusammenhangs findet sich oben zu Beginn des Abschnitts *Der Wille des Himmels I.*
60 Vgl. oben Anm. 52.
61 D. h. er setzt die Standards, belohnt und bestraft.
62 Vgl. oben Anm. 54.
63 Zu Parteilichkeit (*pieh*) und Universalität, Einigkeit (*chien*) vgl. auch oben p. 80.
64 Solche Unterscheidungsunfähigkeit wiegt im Zusammenhang der chinesischen Ordnungsvorstellungen ungleich schwerer, als es uns auf den ersten Blick scheinen mag. Vgl. beispielsweise Marcel Granet, *Das Chinesische Denken*, p. 284, sowie R. Wilhelm, *Frühling und Herbst des Lü Bu We*, Düsseldorf–Köln 1971, p. 463 f.
65 Hier lasse ich drei unverständliche Zeichen aus.
66 Siehe oben Anm. 57.

Über die offenkundige Existenz von Geistern

67 Die beiden ursprünglich vorangehenden Abschnitte, die den gleichen Titel tragen, sind nicht überliefert. Der hier gewählte Titel *Über die offenkundige Existenz von Geistern* ist am Inhalt orientiert; zur Problematik der Übersetzung des chinesischen Titels *ming-kuei* vgl. auch A. Waley, in: *Asia Major*, Bd. 1, Leipzig 1924, p. 185.
68 König Hsüan von Chou lebte, traditioneller Datierung zufolge, 827–783 v. Chr.

69 Im Text steht Herzog Mu von Cheng, doch die hier erwähnte Begebenheit wird uns aus anderen Quellen im Zusammenhang mit dem Herzog Mu von Ch'in (659–620 v. Chr.) berichtet.
70 Kou Mang, einer der fünf Geister (*wu-shen*), die in der Chou-Zeit verehrt wurden. Er ist der Geist des Frühlings, des Ostens und des Elementes Holz. Vgl. auch A. Forke, *Lun-heng*, Bd. I, Leipzig, London, Shanghai 1907, p. 518 Anm. 4.
71 Herzog Chien von Yen, 504–492 v. Chr.
72 Dieser Hinweis ist als Anmerkung zu verstehen.
73 Der Tod des Pao, Fürst Wen von Sung (610–589), ist in den *Frühling- und Herbst-Annalen* (*Ch'un-ch'iu*) im 2. Jahr des Herzogs Ch'eng (Legge, V, p. 338) verzeichnet. Das hier berichtete Ereignis wird auch von Wang Ch'ung in seinem *Lun-heng* überliefert; vgl. A. Forke, *op. cit.* (Anm. 70), p. 512.
74 Siehe *Shih-ching, Buch der Lieder*, Mao no. 235; Legge, IV, p. 427; Waley no. 241; in der Übersetzung folge ich Peter Weber-Schäfer, *op. cit.* (Anm. 57), p. 109.
75 Dieser Text stammt vermutlich aus einem heute nicht mehr erhaltenen Teil des *Buchs der Urkunden, Shu-ching*; vgl. Legge, III, p. 193 f.
76 Die drei Standards sind Himmel, Erde und Mensch.
77 Der Text von »Auch« bis unten »Ortschaften« (= 32 Zeichen) fehlt in der uns überlieferten Fassung des *Shu-ching*.
78 Vgl. *Shu-ching*, Legge, III, p. 152 ff. *Kan-che, die Erklärung von Kan*, ist eine Ansprache vor der

Schlacht bei Kan, die nach dem *Shu-ching* im Jahre 2194 v. Chr. von Ch'i, nach Mo Ti von Yü gehalten wurde.

79 Die Bezeichnung des Tages nach dem Sechzigerzyklus; zum Sechzigerzyklus s. a. Marcel Granet, *Das Chinesische Denken*, p. 115.

80 Diese Passage steht etwas zusammenhanglos an dieser Stelle.

81 Hier habe ich eine offensichtliche Wiederholung (= 21 Zeichen) ausgelassen.

82 Die vorangehenden 8 Zeichen lasse ich aus.

83 Im Abschnitt *Womit gefärbt wird* wird T'ui-i Ta-hsi (dort als T'ui Che bezeichnet) als schlechter Berater des Chieh genannt vgl. Mo Ti, *Schriften*, Bd. I, p. 65.

84 Im *Lü-shih ch'un-ch'iu* heißt es: Der König Wu hatte dreitausend Mann, die sich rennende Tiger nannten, und dreihundert auserwählte Kriegswagen, ... Vgl. R. Wilhelm, *Frühling und Herbst des Lü Bu We*, p. 98.

85 O Lai wird im Kapitel *Womit gefärbt wird* als Berater des Königs Chou von Yü genannt.

86 Hier lasse ich vier unverständliche Zeichen aus.

87 Vermutlich aus einer verlorenen Abteilung im *Buch der Urkunden*.

Gegen die Musik

88 Von den Abschnitten *Gegen die Musik* (*fei yüeh*) ist nur der erste erhalten geblieben. Im Yang-Kommentar zum Kapitel *Fu-kuo* des *Hsün-tzu* heißt es: »Mo-tzu sagte, Musik sei nicht zuträglich für die Menschen, und daher verfaßte er sein Kapitel *Gegen die Musik*.« – Eine Polemik gegen die Musik findet sich auch

im Abschnitt *Drei Erörterungen*; vgl. Mo Ti, *Schriften*, Bd. I, p. 92 ff.

89 Unter »Musik« versteht Mo Ti auch alle sonstigen sinnlichen Vergnügungen wie z. B. Tanz; hinsichtlich der Nahrungsaufnahme und des Geschlechtsverkehrs gestattet er jedoch das nützliche Ausmaß.

90 Ich folge hier der Interpretation Yü Yüehs.

91 Zu solchen Tänzen siehe Arthur Waley, *The Book of Songs*, London 1937, p. 338–340, der sie als Opfer-, nicht als Kriegstänze betrachtet.

92 Im chinesischen Text steht hier eine ausführlichere Aufzählung einzelner Tiere und Tiergattungen.

93 Vgl. Mo Ti, Bd. I, p. 92.

94 Dies scheint der verloren gegangene Titel eines Buches im *Shu-ching* zu sein.

95 Vgl. Legge, III, p. 196; der letzte Satz ist sehr zweifelhaft.

96 Vgl. *Buch der Lieder,* Legge, IV, p. 625.

97 Die Neun Provinzen sind ein Ausdruck für China, das sich im Altertum aus neun Provinzen zusammengesetzt haben soll. Mit »er« ist hier vermutlich Chieh gemeint, der als schlechter Herrscher der Hsia von T'ang gestürzt wurde.

98 Ein nicht erhaltener Text.

99 Darüber, wer mit diesem Ch'i gemeint ist, herrscht keine Einmütigkeit. Manche sehen in ihm den Sohn Yüs, den zweiten Herrscher der Hsia-Dynastie.

100 Zum Wan-Tanz siehe oben Anm. 91.

101 Der ganze Abschnitt ist in vielen Punkten sehr unklar.

Gegen die Schicksalsgläubigkeit

102 Dieser Text ist nahezu identisch mit den einleitenden Sätzen zum Abschnitt *Hochschätzung der Weisen I*; vgl. *Schriften Mo Ti*, Bd. I, p. 86.

103 Den folgenden Satz lasse ich hier mit dem Kommentator Yü Yüeh fort, da er überflüssig ist.

104 Lasse hier wieder einen Satz aus.

105 Chung Hui war ein Minister des T'ang; eine ähnliche Stelle findet sich im *Buch der Urkunden*, Legge, III, p. 179. – Die Ausdrücke für »Mandat« und »Schicksal« sind im Chinesischen identisch.

106 Siehe Anm. 58.

107 Siehe Anm. 58 und Anm. 105.

108 Eine verloren gegangene Schrift des *Shu-ching*.

109 Auch diese Schrift ist uns nicht überliefert. – Vielleicht war es diese Stelle, die Brecht zu dem Aphorismus anregte: »Das Schicksal des Menschen ist der Mensch.«

110 Hier heißen die drei Kriterien Prüfbarkeit (*k'ao*), Begründbarkeit (*yüan*) und Anwendbarkeit (*yung*), während in den beiden vorangehenden Abschnitten das erste Kriterium mit Ursprung (*pen*) angegeben wird.

111 Ich folge hier der Auffassung Pi Yüans.

112 *Umfassende Tugend*, vermutlich ein verloren gegangener Abschnitt des *Shu-ching*.

113 Ich folge hier der Auffassung Sun I-jangs.

114 Vgl. *Shu-ching*, Legge, III, p. 294.

115 Vgl. ebd., Legge, p. 291.

116 Ich folge hier dem Kommentar des Chuang Shu-tsu; vgl. auch Legge, III, p. 297.

Gegen die Konfuzianer

117 Ursprünglich gab es zwei Abschnitte unter dem Titel *Verurteilung der Konfuzianer*, von denen der erste heute nicht mehr erhalten ist.

118 Im *Chung-yung*, einem der klassischen Bücher des Konfuzianismus, wird von den vorbildlichen Königen des Altertums gesagt, sie hätten die Toten so geehrt und respektiert als lebten sie noch, entsprechend dem Verwandtschaftsgrad. Vgl. z. B. *Chung-yung* XX, 5.

119 Mo Ti beharrt hier auf der, im Prinzip auch von den Konfuzianern bejahten, Vorrangigkeit der Beziehung zwischen Sohn und Vater vor der Beziehung zwischen dem Sohn und seiner eigenen Frau und seinem Sohn.

120 Vgl. *Lun-yü* VII, 1.

121 I war ein berühmter Bogenschütze zur Zeit des Herrschers Ku um 2400 v. Chr.

122 Yü war der Sohn des Herrschers Shao K'ang, dem er 2057–2040 v. Chr. in der Regierung folgte.

123 Hsi-chung soll unter Yü der Befehlshaber über die Wagen gewesen sein.

124 Chuang-tzu rühmt den geschickten Ch'ui wegen seiner Geschicklichkeit.

125 Ich folge hier der Emendation Waleys; der ganze Text ist anscheinend sehr verderbt.

126 Eine Darstellung der ritterlichen Etikette der Kriegsführung, wie sie die Konfuzianer vertraten, findet sich bei M. Granet, *La Civilisation Chinoise*, Paris 1968 (Ed. Albin Michel), p. 316 ff.

127 Ein Beispiel für die nichtssagenden Ratschläge der Konfuzianer, die sich durch keine Festlegung in Schwierigkeiten bringen wollten.
128 Meister Yen (starb 500 v. Chr.) war Minister unter Herzog Ching. Geschichten über ihn und sein Wirken finden sich im *Yen-tzu ch'un-ch'iu*.
129 Der Herzog von Po, ein Prinz des Staates Ch'u, auch Ching genannt, führte einen Aufstand gegen den Fürsten von Ch'u im Jahre 479 v. Chr., also im Todesjahr des Konfuzius. Der Aufstand wurde schnell niedergeworfen, und der Herzog von Po beging Selbstmord. Da auch Meister Yen zu jener Zeit bereits Tod war, scheint diese Geschichte eine spätere Erfindung zu sein.
130 Vgl. *Lun-yü* X, 3-5.
131 T'ien Ch'ang war ein General von Ch'i und Meister Hui einer seiner Anhänger.
132 Tz'u ist der persönliche Name des Tzu-kung, der einer der 72 Schüler des Konfuzius war.
133 Vgl. *Lun-yü* X, 8.
134 Vgl. Menzius V, i, iv, 1. Ku Sou war der nichtswürdige Vater des Shun, der diesem gegenüber nur unmutig seine Sohnespflichten erfüllte.
135 Indem Mo Ti dem Konfuzius solche lästerlichen Reden in den Mund legt, will er ihn verunglimpfen.
136 K'ung Li war ein Rebell im Staate Wei.
137 Von der Bereitschaft des Konfuzius, mit Pi Hsi zusammenzuarbeiten, berichtet *Lun-yü*, XVII, 7.
138 A. Forke merkt hier an: »Die Beteiligung an Revolu-

tionen ist an und für sich noch kein Verbrechen, wie es hier dargestellt wird.«

Mo Ti und Bertolt Brechts ›Buch der Wendungen‹

139 WA (= Bertolt Brecht, *Gesammelte Werke in 20 Bänden*, Werkausgabe Edition Suhrkamp, Ffm 1967) 16, p. 619 ff. Die erste Skizze Brechts, die unmittelbar nachdem er den chinesischen Schauspieler Mei Lanfang in Moskau (Mai 1935) gesehen hatte verfaßte, erschien in englischer Sprache in *Life and Letters Today*, Vol. XV, 1936, No. 6 unter dem Titel »The fourth wall of China«. Diese Nachricht entnehme ich Walter Benjamin, »Was ist das epische Theater?«, *Maß und Wert* 2 (1939); Nachdruck in: Ders., *Versuche über Brecht*, Ffm 1966, p. 22 ff. – Weitere Bemerkungen Brechts über das Theater der Chinesen sind zusammengestellt in WA 15, p. 424 ff.

140 Erschienen 1938 in der Zeitschrift *Das Wort*, Moskau; WA 10, p. 618 ff. Eine Studie zu diesen Gedichten hat kürzlich Antony Tatlow vorgelegt: *Brechts chinesische Gedichte*, Ffm 1973.

141 WA 4; vgl. auch »Zeitungsbericht« in WA 17, p. 1157 ff.

142 Bertolt Brecht, Me-ti, *Buch der Wendungen*, Ffm 1965; (Prosa, Bd. V); WA 12, p. 417–585; im folgenden wird nach der Werkausgabe zitiert.

143 Antony Tatlow, op. cit., p. 155 Anm. 1.

144 Hans Mayer, *Bertolt Brecht und die Tradition*, München 1965, p. 93.

145 Ebd., p. 94; daß die ursprüngliche Fassung der *Bemerkungen über die chinesische Schauspielkunst* 1938

entstand, ist wohl ein Irrtum Mayers; vgl. oben Anm. 139.
146 Ebd. p. 94–96; vgl. etwa auch Brechts »Über die Malerei der Chinesen« in WA 18, p. 278 f.
147 Arthur Waley, *The Nô Plays of Japan*, London 1921; vgl. hierzu auch Patrick Bridgwater, »Arthur Waley and Brecht« in: *German Life and Letters*, Bd. XVIII, No. 3, Oxford 1964, p. 216–232.
148 Vgl. ebd. p. 231 Anm. 4.
149 Siehe auch Bertolt-Brecht-Archiv (BBA) 15472 (28/18) »die Kreidekreisprobe des alten chinesischen Romans«.
150 Siehe etwa das Gedicht »Dreihundert ermordete Kulis berichten an eine Internationale«, WA 8, p. 296, dem folgender Text voransteht: Aus London wird telegrafiert: »300 Kulis, die von den Truppen der chinesischen weißen Armee gefangen gesetzt waren und in offenen Eisenbahnwaggons nach Ping Tschuen befördert werden sollten, sind während der Fahrt vor Kälte und Hunger gestorben.«
151 Antony Tatlow, op. cit., p. 11/12; vgl. auch ders., »China oder Chima?« in *Brecht Heute*, Jg. I, Ffm 1971, p. 27–49.
152 Zitiert nach WA 4, p. 2 der Anmerkungen.
153 WA 19, p. 478.
154 WA 14, p. 1462.
155 WA 9, p. 660–663; zu diesem Gedicht siehe auch Walter Benjamin, »Kommentare zu Gedichten von Brecht«, in: Ders., *Versuche über Brecht*, Ffm 1966, p. 79 ff.; A. Tatlow, »Towards an Understanding of

Chinese Influence in Brecht«, in *Dt. Vierteljahreshefte*, Jg. 44, Heft 2, 1970, p. 363–387, hier p. 374 ff. Marianne Kesting, *Bertolt Brecht in Selbstzeugnissen und Bilddokumenten*, Hamburg 1959, p. 85 ff.; B. Schulz, in: *Wirkendes Wort* 7, 1956/57. Über die höflichen Chinesen hatte Brecht bereits am 9. 5. 1925 im *Berliner Börsen Courier* einen Text publiziert: »Weniger bekannt in unserer Zeit ist es, wie sehr ein der Allgemeinheit geleisteter Dienst der Entschuldigung bedarf. So ehrten die höflichen Chinesen ihren großen Weisen Laotse mehr als meines Wissens irgendein anderes Volk seinen Lehrer. Durch die Erfindung folgender Geschichte. Laotse hatte von Jugend auf die Chinesen in der Kunst zu leben unterrichtet und verließ als Greis das Land. Weil die immer stärker werdende Unvernunft der Leute dem Weisen das Leben erschwerte. Vor die Wahl gestellt, die Unvernunft der Leute zu ertragen oder etwas dagegen zu tun, verließ er das Land. Da trat ihm an der Grenze des Landes ein Zollwächter entgegen und bat ihn, seine Lehren für ihn, den Zollwächter, aufzuschreiben. Und Laotse, aus Furcht, unhöflich zu erscheinen, willfahrte ihm. Er schrieb die Erfahrungen seines Lebens in einem dünnen Buche für den höflichen Zollwächter auf und verließ erst, als es geschrieben war, das Land seiner Geburt. Mit dieser Geschichte entschuldigen die Chinesen das Zustandekommen des Buches Taoteking, nach dessen Lehren sie bis heute leben.« (BBA 53/9).

156 Op. cit., p. 87.
157 WA 9, p. 723.

158 Walter Benjamin, op. cit., p. 81. Die Moral, die aus dem Laotse-Gedicht hervorgehe, sei: »Wer das Harte zum Unterliegen bringen will, der soll keine Gelegenheit zum Freundlichsein vorbeigehen lassen.« (ebd., p. 83).
159 Marianne Kesting. op. cit., p. 87.
160 WA 4, p. 1525/26.
161 Op. cit., p. 87.
162 Op. cit., p. 88.
163 WA 12, p. 454.
164 *Bertolt-Brecht-Archiv, Bestandsverzeichnis des literarischen Nachlasses*, Bd. 3 (Prosa, Filmtexte, Schriften), bearbeitet von Herta Ramthun, Aufbau Verlag, Berlin und Weimar 1972, p. VI.
165 WA 12, p. 434.
166 Ebd., p. 419.
167 Was es mit dem Kloster und den Sandverkäufern auf sich hatte, ist nachzulesen in WA 12, p. 663 f. Walter Benjamin verzeichnet unter dem 27. September 1934 in den Svendborger Notizen: »Der Tui-Roman ist bestimmt, einen enzyklopädischen Überblick über die Torheiten der Tellektuall-Ins zu geben (der Intellektuellen); er wird, wie es scheint, zumindest zum Teil in China spielen.« Walter Benjamin, *Versuche über Brecht*, Ffm 1966, p. 125.
168 *Das Argument* 46, p. 1.
169 In *Die Welt der Literatur*, Jg. III, 1966, No. 4, p. 14.
170 Siehe Antony Tatlow, op. cit., p. 155.
171 WA 12, p. 458 f.
172 Op. cit. p. 12. – Diese Übertragung in die dritte Per-

son fällt häufig auf: »Me-ti, der in der Verbannung lebte« (WA 12, p. 554). Und Me-ti sagte selbst: »Man kann auch in der dritten Person leben.« (Ebd., p. 548; vgl. auch p. 546).

173 Vergleiche oben den vorletzten Absatz im Abschnitt *Gegen die Schicksalsgläubigkeit II*.
174 WA 12, p. 432.
175 Ebd., p. 433.
176 Ebd., p. 438.
177 Mo Ti (in der Übersetzung Alfred Forkes: *Mê Ti des Sozialethikers und seiner Schüler philosophische Werke*, Berlin 1922), p. 505.
178 WA 12, p. 459/460.
179 Mo Ti, p. 505.
180 Mo Ti, p. 561.
181 Ebd., p. 544.
182 Ebd., p. 549.
183 Ebd., p. 554.
184 Mo Ti zu Beginn des Abschnittes *Gegen den Angriffskrieg II*.
185 WA 12, p. 443.
186 Ebd.
187 Ebd., p. 469.
188 Vgl. *Schriften Mo Ti* Bd. I, die Abschnitte *Allgemeine Menschenliebe*.
189 WA 12, p. 569 f.
190 Ebd., p. 453 f.
191 Mo Ti, p. 598.
192 WA 12, p. 477.

193 Ebd., p. 432; siehe auch p. 469 »Über die Todesfurcht«.
194 Mo Ti, p. 504.
195 WA 12, p. 470.
196 Ebd., p. 473.
197 Ebd. p. 477.
198 Ebd., p. 478.
199 Ebd., p. 529.
200 Mo Ti, p. 510.
201 Ebd., p. 511.
202 Mo Ti, p. 543 f.
203 WA 12, p. 488.
204 Ebd., p. 557.
205 Ebd., p. 535.
206 *Süddeutsche Zeitung*, 13. Juni 1975.
207 Am 14. Juli 1975 auf einer Pressekonferenz in Bonn.
208 Mo Ti, p. 435.
209 WA 12, p. 471 f.
210 Ebd., p. 463.
211 Ebd., p. 503.
212 Mo Ti, p. 569.
213 WA 12, p. 531 f.
214 Mo Ti, p. 573 f.
215 Ebd., p. 276.
216 Ebd., p. 277.
217 Ebd., p. 403.
218 Ebd., p. 507.
219 Siehe oben p. 150 f.
220 Joachim Kaiser, *In Bertolt Brechts chinesischem Steinbruch*, Süddeutsche Zeitung vom 5. 2. 1966.

ZEITTAFEL

551–479 v. Chr. lebte Konfuzius (K'ung-tzu)

479–381 v. Chr. lebte Mo Ti (Daten ungewiß)

470–399 v. Chr. lebte Sokrates

Ende 5. Jh./Anfang 4. Jh. v. Chr. werden die älteren Teile des Dschuang Dsi (Chuang-tzu) verfaßt; zugeschrieben dem Chuang Chou. Mitte bis Ende 4. Jh. v. Chr. entsteht das Tao-te-ching, das auf Laotse (Lao-tzu) zurückgeht.

Im 4. Jh. v. Chr. lebte Yang Chu, der wie Mo Ti ein Häretiker gegen die herrschende Lehre war; gegen beide zog Menzius (Meng–tzu, 372–289 v. Chr.) zu Felde.

1934 n. Chr. plant Bertolt Brecht (1898–1956) ein »Büchlein mit Verhaltenslehren«, das sich in den Jahren des Exils zum »Buch der Wendungen« formt. Die Lektüre von »Mê Ti, des Sozialethikers und seiner Schüler philosophische Werke« (Hrsg. Alfred Forke, Berlin 1922) gibt Brecht wichtige Impulse.

1938 schreibt Brecht die »Legende von der Entstehung des Buches Taoteking auf dem Weg des Laotse in die Emigration« nieder.

1940–1944 beschäftigt ihn der Plan eines Stücks »Leben des Konfutse«, das jedoch ungeschrieben bleibt.

1965 erscheint, als Fragment aus Brechts Nachlaß und herausgegeben von Uwe Johnson, »Me-ti, Buch der Wendungen«.

Für die Genehmigung zum Abdruck des Brecht-Gedichtes »Die Legende von der Entstehung des Buches Taoteking« danken wir dem Suhrkamp-Verlag, der das Gesamtwerk Bertolt Brechts betreut.

DIEDERICHS GELBE REIHE

»Ostasien ist das Thema dieser neuen Reihe – ein neues Ostasien, dessen Veränderungen nicht nur vom Einfluß Europas geprägt sind, sondern ebenso von besonderen Wertsetzungen in seiner eigenen Kultur. Daher werden sowohl Quellentexte, die es zu entdecken und zu erschließen gilt, aber auch aktuelle Darstellungen asiatischer Politik und Gesellschaft in handlicher Form präsentiert.« Der Herausgeber Prof. Wolfgang Bauer

Bisher erschienen:

I Ging · Text und Materialien. Aus dem Chinesischen übersetzt von Richard Wilhelm. Einleitung von Wolfgang Bauer. 352 Seiten (DG 1)

Richard Wilhelm · Botschafter zweier Welten. Auswahl und Einleitung von Wolfgang Bauer. 208 Seiten (DG 2)

K'ang Yu-wei · Ta T'ung Shu. Das Buch von der Großen Gemeinschaft. Aus dem Englischen übersetzt von Horst Kube. Herausgegeben von Laurence G. Thompson. 280 Seiten (DG 3)

Jack Chen · Das Jahr im Dorf Glückseligkeit. Bericht eines chinesischen Intellektuellen nach der Kulturrevolution. Aus dem Englischen übersetzt von Horst Kube. 416 Seiten (DG 4)

Han Shan · 150 Gedichte vom Kalten Berg. Aus dem Chinesischen übertragen und herausgegeben von Stephan Schuhmacher. 180 Seiten und 16 Bildtafeln (DG 5)

Das Tibetische Totenbuch. Herausgegeben von Fremantle/Trungpa. Übersetzt von Stephan Schuhmacher. ca. 160 Seiten mit Abbildungen. DG 6 (Erscheint im Frühjahr 1976)

Heinrich Zimmer · Der Weg zum Selbst. Lehre und Leben des Shri Ramana Maharshi. Mit einer Einführung von Günther Mehren. 224 Seiten (DG 7)

Pfad zur Erleuchtung. Buddhistische Grundtexte. Übersetzt und herausgegeben von Helmuth von Glasenapp. 220 Seiten (DG 8)

Mo Ti · Solidarität und allgemeine Menschenliebe. Schriften Band 1. Aus dem Chinesischen übersetzt und herausgegeben von Helwig Schmidt-Glintzer. 184 Seiten (DG 9)

Mo Ti · Gegen den Krieg. Schriften Band 2. Aus dem Chinesischen übersetzt und herausgegeben von Helwig Schmidt-Glintzer. 200 Seiten (DG 10)

In Vorbereitung befinden sich u. a.

Symbolik des Fernen Ostens (Handbuch von Prof. Otto Karow)/ Die Predigten des Meisters Lin-Chi / Die Schriften des Hsün-tzu

DIE GROSSEN LEHREN DER CHINESEN

I Ging · Das Buch der Wandlungen. Aus dem Chinesischen übersetzt und erläutert von Richard Wilhelm. 648 Seiten. Leinen

Laotse · Tao te king. Das Buch des Alten vom Sinn und Leben. Aus dem Chinesischen übersetzt und erläutert von Richard Wilhelm. 160 Seiten. Leinen

Dschuang Dsi · Das wahre Buch vom südlichen Blütenland. Aus dem Chinesischen übertragen und erläutert von Richard Wilhelm. 332 Seiten. Leinen

Liä Dsi · Das wahre Buch vom quellenden Urgrund. Aus dem Chinesischen übertragen und erläutert von Richard Wilhelm. 244 Seiten. Leinen

Kungfutse · Gespräche (Lun Yü). Aus dem Chinesischen übersetzt und erläutert von Richard Wilhelm. 220 Seiten. Leinen

Die Philosophie Chinas. Die chinesischen Klassiker in der Übersetzung Richard Wilhelms (I Ging / Laotse / Kungfutse / Liä Dsi / Dschuang Dsi). 5 Bände in Kassette. 1600 Seiten

EUGEN DIEDERICHS VERLAG